FISCALIDAD CRIPTO

Guía profesional para abogados, gestores y auditores

Análisis exhaustivo: MiCA, IRPF, Sociedades y el nuevo paradigma de control tributario (DAC8)

Edición 2025- 2026

Saúl Hidalgo

ISBN: 978-84-09-80240-1
Depósito legal: D.L. GU 189-2025

A Antonio José,

por tantas conversaciones disruptivas que abrieron mis ojos a este nuevo paradigma, verdadero comienzo de todo lo que vino después y cimiento de esta guía.

CONTENIDO

Fiscalidad cripto

PRÓLOGO

Por qué este manual es urgente para usted

Estimado colega,

Es probable que, en los últimos meses, un cliente haya entrado en su despacho preguntando cómo declarar sus "criptos". O quizás le haya consultado sobre la legalidad de un Smart Contract, la fiscalidad de un NFT o cómo incluir una Wallet en una herencia. Y es probable que usted, como experto jurista o fiscalista, haya sentido esa incómoda mezcla de profesionalidad y vértigo.

El vértigo es comprensible. Durante años, los criptoactivos han vivido en un limbo, una suerte de "internet del dinero" que parecía operar al margen de nuestras leyes, de nuestros impuestos y de nuestro control. Para muchos asesores, era un tema ajeno, volátil y, francamente, de nicho. Esa era ha terminado.

El año 2024 marca un punto de inflexión irreversible. La entrada en vigor del Reglamento MiCA a nivel europeo y, de forma crucial en España, la primera presentación del Modelo 721, han materializado lo que era una advertencia: los criptoactivos ya no son el futuro; son el presente de la asesoría fiscal y legal. La Agencia Tributaria ha sido clara. Con los nuevos Modelos 172 y 173, ya dispone de la información de los Exchanges nacionales. Con el Modelo 721, obliga al contribuyente a declarar sus tenencias en el extranjero. Y con la llegada de DAC8 y CARF, el intercambio automático de información será total. Se acabó la supuesta anonimidad. El control es, o será en breve, absoluto.

El problema es que el asesor se encuentra en una encrucijada. Nuestros clientes, empresas e individuos, han adoptado esta tecnología a una velocidad muy superior a la de la regulación. Y ahora, esa regulación ha llegado, y nos exige aplicar marcos fiscales tradicionales (IRPF, IS, IVA, Patrimonio) a una realidad tecnológica que nos es ajena.

No podemos permitirnos, como profesionales, responder a una consulta sobre Staking con la misma inseguridad con la que un cliente nos habla de ello. No podemos confundir una Wallet con un Exchange, ni un NFT con una criptomoneda. Hacerlo no es solo un riesgo para nuestro cliente; es un riesgo para nuestra propia reputación profesional. Este libro nace de esa urgencia.

No es un libro sobre cómo invertir en criptomonedas. No es un tratado académico sobre la filosofía de Blockchain. Es una herramienta de trabajo. Una guía práctica escrita por un asesor para asesores.

He condensado en estas páginas el material que usted necesita, estructurado de la forma en que pensamos: empezando por los fundamentos (Módulo 1: ¿qué es esto y cómo funciona?) y avanzando directamente hacia el núcleo de nuestro trabajo (Módulo 5: IRPF, Módulo 12: obligaciones formales).

El objetivo es doble. Primero, desmitificar la tecnología, traduciéndola a un lenguaje que entendemos: el del derecho y la contabilidad. Segundo, proporcionar un análisis riguroso, actualizado y práctico de cada implicación fiscal y regulatoria que sus clientes enfrentarán.

Me dirijo a un público que no sabe de cripto, pero que es experto en fiscalidad y derecho. Por tanto, no simplificaré la parte fiscal, al contrario, profundizaré en ella, pero sí construiré desde cero la base tecnológica necesaria para aplicarla con rigor.

El material que tiene en sus manos es valioso porque es necesario. La fiscalidad de los criptoactivos es, quizás, el mayor desafío de cumplimiento normativo de nuestra década. Este libro es el manual para superarlo con éxito.

Parte I. FUNDAMENTOS Y CONTEXTO REGULATORIO

Módulo 1. Introducción a Blockchain y los Criptoactivos

Para el profesional del derecho y la asesoría fiscal, la irrupción de los criptoactivos representa un cambio de paradigma similar al que supuso internet para la información. Ignorar esta tecnología ya no es una opción; comprenderla es una necesidad profesional para dar servicio a nuestros clientes.

Este módulo establece los cimientos conceptuales indispensables para abordar, en módulos posteriores, las complejas implicaciones fiscales y regulatorias.

1.1. Conceptos básicos: el trípode tecnológico

Para entender el ecosistema, debemos diferenciar tres conceptos que a menudo se confunden: Blockchain, criptomoneda y Token.

¿Qué es Blockchain (cadena de bloques)?

En su forma más simple, Blockchain es un libro de contabilidad digital (un "libro mayor") que es inmutable y descentralizado.

- Libro de contabilidad: como cualquier libro mayor, registra transacciones. En lugar de apuntes contables, registra transacciones de activos digitales.
- Digital: reside en una red de ordenadores, no en un servidor central.

- Inmutable: una vez que una transacción se registra en un "bloque" y este se añade a la "cadena", no puede ser modificada ni eliminada. Para un abogado, esto es la máxima expresión de la seguridad jurídica y la fehaciencia de un registro.

- Descentralizado: este libro mayor no está en manos de una sola entidad (como un banco, un notario o un registro central). Copias idénticas del mismo se distribuyen y validan entre múltiples participantes (nodos) en la red. Esta descentralización elimina la necesidad de un intermediario de confianza.

Analogía para el asesor: piense en Blockchain como un libro de actas o un registro de la propiedad digital, donde cada nueva entrada (bloque) está criptográficamente sellada a la anterior, y una copia de ese libro es auditada y validada en tiempo real por miles de participantes independientes.

¿Qué es una criptomoneda?

Una criptomoneda (o "moneda virtual") es el activo nativo de una red Blockchain. Es la recompensa que incentiva a los participantes (mineros o validadores) a mantener la red segura y operativa.

La criptomoneda es la primera y más famosa aplicación de la tecnología Blockchain.

- Ejemplo principal: Bitcoin (BTC). La red Blockchain se llama "Bitcoin", y su activo nativo, la criptomoneda que la hace funcionar, también se llama "Bitcoin" (BTC).

- Función: su propósito principal es actuar como un medio de intercambio (dinero digital P2P) o una reserva de valor, independiente de cualquier banco central o gobierno.
- Naturaleza jurídico-fiscal (en España): a efectos fiscales, la Dirección General de Tributos (DGT) las ha calificado como bienes inmateriales, computables por unidades o fracciones de unidades, que no son moneda de curso legal (consulta V0999-15). Esta definición es la piedra angular de toda su fiscalidad en IRPF (ganancias/pérdidas patrimoniales).

¿Qué es un Token?

Si la criptomoneda es el activo nativo de una Blockchain, un Token es un activo creado sobre una Blockchain ya existente.

Mientras Bitcoin (la red) solo tiene Bitcoin (la criptomoneda), otras redes, como Ethereum, fueron diseñadas para ser programables. Permiten a cualquiera crear "fichas" digitales personalizadas encima de su infraestructura. A estas fichas las llamamos Tokens.

Un Token es una representación digital de valor. Puede representar prácticamente cualquier cosa:

- El derecho de uso de una plataforma (Utility Token).
- La participación en un activo financiero, como una acción o un bono (Security Token).
- La propiedad de un objeto de arte digital único (NFT).

Analogía para el asesor: si la red Ethereum es el sistema operativo (como Windows), un Token es un software o un archivo (como un .doc o un .exe) que corre sobre ese sistema.

1.2. Tipos de criptoactivos: la clasificación clave

Desde la perspectiva del asesor, esta es la sección más importante del Módulo, ya que la naturaleza jurídica y fiscal de un criptoactivo depende radicalmente de su tipo. El Reglamento MiCA (Markets in Crypto-Assets) de la UE ha venido a poner orden en esta clasificación, que es fundamental para nuestro trabajo. Distinguiremos principalmente:

Criptomonedas (payment Tokens o fichas de pago)

- Definición: criptoactivos cuyo fin principal es servir como medio de pago o intercambio.
- Ejemplos: Bitcoin (BTC), Litecoin (LTC), Bitcoin Cash (BCH).
- Fiscalidad clave: su intercambio (cripto-cripto o cripto-Fiat) genera ganancias o pérdidas patrimoniales (IRPF). Su uso como medio de pago está exento de IVA (sentencia del TJUE , c-264/14, Hedqvist).

Utility Tokens (fichas de utilidad)

- Definición: representan un derecho futuro a disfrutar de un producto o servicio. No están diseñados como inversión, sino como consumo.
- Analogía: piense en ellos como la "ficha" de una feria o el crédito prepagado de un servicio online. Se compran para usarse dentro de una plataforma específica.

- Ejemplos: Filecoin (almacenamiento en la nube descentralizado), basic attention Token (servicios de publicidad digital).
- Fiscalidad clave: aquí surge la gran duda con el IVA. Si se entregan a cambio de un servicio futuro, su venta puede considerarse un anticipo sujeto a IVA, a diferencia de las criptomonedas.

Security Tokens (fichas de valor o valores negociables)

- Definición: son la representación digital de un activo financiero tradicional. Otorgan derechos económicos similares a los de las acciones (dividendos) o los bonos (intereses).
- Regulación: estos son los activos de mayor complejidad regulatoria. Están explícitamente excluidos de MiCA porque estarían regulados bajo la normativa de mercados de valores existente (MIFID II).
- Fiscalidad clave: los rendimientos que generan (si los generan) no son una ganancia patrimonial estándar, sino que deben tratarse como lo que son: dividendos (rendimiento de capital mobiliario) o intereses.

Tokens no fungibles (NFTs)

- Definición: son Tokens únicos e indivisibles que certifican la propiedad digital de un activo específico, generalmente digital (arte, música, un tuit) aunque también puede ser físico. "No fungible" significa que no es intercambiable por otro igual (un billete de 10€ es fungible; el cuadro de Las Meninas no lo es).

- Fiscalidad clave: representan un desafío. Su venta genera una ganancia patrimonial, pero su creación (el "minteo") y las comisiones (royalties) que genera al artista plantean serias dudas sobre su calificación como rendimiento de actividad económica y su sujeción al IVA.

1.3. Cómo funciona: el ecosistema del cliente

Para poder ofrecer una asesoría adecuada a un cliente, es fundamental comprender en detalle cuáles son las herramientas que emplea en su operativa diaria y conocer con precisión en qué lugares o entidades se encuentran depositados sus activos.

Wallets (monederos o carteras)

Una Wallet no almacena las criptomonedas (estas siempre están en la Blockchain). El Wallet es un software o hardware que almacena las claves criptográficas que permiten al usuario acceder y controlar sus fondos.

Claves públicas y privadas: el dúo esencial

Toda Wallet opera con un par de claves:

- Clave pública (*Public Key*): es el equivalente a nuestro IBAN o número de cuenta bancaria. Es la dirección que compartimos para recibir fondos. Es pública y visible en la Blockchain.
- Clave privada (*Private Key*): es el equivalente al pin del cajero o a la firma digital. Es una cadena alfanumérica secreta que da el control de los fondos asociados a la clave pública. Con la clave privada, posees los activos.

- Máxima del sector: *"not your keys, not your coins"* (si no controlas tus propias claves privadas, en realidad no controlas tus criptomonedas). Esto nos lleva a la distinción fundamental entre tipos de Wallets.

Tipos de Wallets: distinción crítica para el Modelo 721

1. Wallets de custodia (hot Wallets o Wallets en Exchanges):
   - Qué son: son los monederos proporcionados por plataformas de intercambio, Exchanges o bancos (como Coinbase, Binance, Kraken).
   - Cómo funcionan: el usuario accede con un email y contraseña. El Exchange (el tercero) custodia la clave privada del usuario.
   - Implicación para el asesor: el usuario no tiene el control real; tiene un derecho de crédito contra el Exchange. Si los fondos están en un Exchange extranjero y superan los 50.000€, el cliente tiene la obligación de declararlos en el Modelo 721.
2. Wallets de autocustodia (cold Wallets o hardware Wallets):
   - Qué son: son dispositivos físicos, como un USB cifrado (tipo Ledger o Trezor) o aplicaciones de software (Metamask) donde el usuario es el único poseedor y custodio de su clave privada.
   - Cómo funcionan: el control es absoluto. Si el usuario pierde el dispositivo y su "frase semilla" (la copia de seguridad de la clave privada), los fondos son irrecuperables.

- Implicación para el asesor: al no existir un "proveedor de servicios de custodia" tercero, la normativa actual (basada en el RDL que desarrolla el Modelo 721) excluye estos Wallets de la obligación de declarar en el Modelo 721, independientemente del importe. Esta es una de las distinciones más críticas en la asesoría fiscal actual.

Exchanges (plataformas de intercambio)

Son las "casas de cambio" del mundo cripto. Permiten comprar criptomonedas con dinero fiduciario (principalmente euros o dólares) y/o intercambiar unas criptomonedas por otras.

1. Exchanges centralizados (CEX):
    - Son empresas (ej. Coinbase, Binance) que actúan como intermediarios de confianza, requieren identificación (KYC - know your customer) y custodian los fondos del cliente.
    - Implicación para el asesor: son el principal foco de la AEAT. Si están en España, reportan saldos y operaciones (Modelos 172 y 173). Si están fuera, el cliente reporta (Modelo 721).
2. Exchanges descentralizados (DEX):
    - Son plataformas de software (protocolos) que corren sobre una Blockchain. No hay una empresa detrás. Permiten el intercambio directo (P2P) entre usuarios sin ceder la custodia de las claves privadas (operan conectándose con una Wallet de autocustodia a la plataforma).

- Implicación para el asesor: representan un reto de trazabilidad, aunque todas las operaciones siguen siendo públicas en la Blockchain.

1.4. Comprensión básica de la tecnología subyacente

Finalmente, el asesor debe familiarizarse con dos conceptos que definen cómo se validan las transacciones y cómo se "crean" nuevas monedas. Esto es vital para entender la fiscalidad del minado y el Staking.

Proof-of-Work (PoW): prueba de trabajo / "minería"

- Qué es: es el mecanismo de consenso (validación) original, usado por Bitcoin.
- Cómo funciona: los "mineros" compiten por resolver un problema matemático complejo usando una ingente cantidad de potencia informática. El primero que lo resuelve, valida el bloque de transacciones y recibe una recompensa (nuevos Bitcoins).
- Implicación para el asesor: la minería es calificada por la DGT como una actividad económica (V3625-17), sujeta a IRPF o IS y al IAE.

Proof-of-Stake (PoS): prueba de participación/"Staking"

- Qué es: es el mecanismo de consenso alternativo y más moderno, usado por Ethereum 2.0 y otras redes. Es más eficiente energéticamente.

- Cómo funciona: no se compite con ordenadores. Los "validadores" demuestran su compromiso "bloqueando" (depositando como garantía) una cantidad de sus propias monedas.

  Si validan transacciones correctamente, reciben una recompensa (más monedas). Si actúan de forma maliciosa, son penalizados perdiendo parte de sus monedas bloqueadas.

- Implicación para el asesor: el Staking (participar en este proceso) genera rendimientos. La DGT (V0470-21) ha calificado estos rendimientos como rendimientos del capital mobiliario en IRPF (similares a un dividendo o interés), y no como actividad económica.

Fin del Módulo 1

Este Módulo sienta las bases. Ahora que el lector profesional comprende la terminología, la tipología de activos y el funcionamiento del ecosistema (dónde se guardan y cómo se intercambian) y teniendo presente que al final del libro puede consultar un glosario para reforzar o aclarar cualquier concepto, estamos en posición de analizar el primer gran bloque regulatorio: el marco MiCA y las normativas de cumplimiento.

Módulo 2. El Nuevo Marco Regulatorio Global Y Europeo

Tras comprender qué son los criptoactivos, el profesional debe entender cómo se controlan. La era de la ambigüedad regulatoria ha terminado. Nos encontramos en un nuevo paradigma de supervisión y cumplimiento que define las reglas del juego para clientes, inversores y proveedores de servicios.

Este Módulo traza el mapa regulatorio desde el ámbito global (antilavado y fiscal) hasta el europeo (MiCA) y su aterrizaje en España.

2.1. El contexto global: GAFI y CARF

Ninguna regulación nacional o europea nace en el vacío. Todas responden a dos imperativos globales: la lucha contra el blanqueo de capitales y la transparencia fiscal.

GAFI (Grupo de Acción Financiera Internacional)

El GAFI (o FATF, por sus siglas en inglés) es el organismo mundial que establece los estándares para la prevención del lavado de activos y la financiación del terrorismo (ALA/CFT).

- La recomendación 15: es el punto clave. Una recomendación que extendió las obligaciones ALA/CFT a los activos virtuales.

https://www.fatf-gafi.org/content/dam/fatf-gafi/recommendations/FATF%20Recommendations%202012.pdf

- VASPs (proveedores de servicios de activos virtuales): el GAFI introduce este término (que MiCA adaptará como "CASP") para referirse a Exchanges, custodios de Wallets y otras plataformas.
- La "**Travel Rule**" (regla de viaje): es la obligación más disruptiva. El GAFI exige que los VASPs, al igual que los bancos, recaben, retengan y transmitan la información del originante y el beneficiario en las transferencias de criptoactivos. Esto pone fin, a nivel de proveedores, al anonimato en las transacciones.

CARF (Crypto-Asset Reporting Framework)

Si el GAFI es el pilar del "antilavado", el CARF es el pilar de la "transparencia fiscal". Desarrollado por la OCDE, es el nuevo estándar global para el intercambio automático de información (AEOI) fiscal sobre criptoactivos.

- Objetivo: combatir la evasión fiscal utilizando criptoactivos.
- Mecanismo: obligará a los proveedores de servicios (CASPs) a recabar información fiscal de sus clientes (nombre, residencia fiscal, NIF) y reportar anualmente sus saldos y transacciones a la autoridad tributaria de su país.
- Implementación en la UE: el CARF ha sido la inspiración directa de la nueva directiva europea DAC8, que analizaremos en profundidad en el Módulo 12, ya que es la fuente de información que nutrirá a la AEAT a partir de 2026.

2.2. MiCA (Reglamento de Mercados de Criptoactivos)

El Reglamento (UE) 2023/1114, conocido como MiCA, es la normativa más importante para cualquier asesor en Europa. Es la piedra angular que armoniza el mercado de criptoactivos en los 27 estados miembros. Desde finales de 2024, MiCA es plenamente aplicable en toda la Unión Europea.

https://eur-lex.europa.eu/legal-content/ES/TXT/?uri=CELEX:32023R1114

Objetivos y alcance de MiCA

MiCA busca un equilibrio entre la innovación y la protección, persiguiendo tres objetivos principales:

1. Seguridad jurídica: crea un marco legal unificado para emisores y proveedores.
2. Protección al inversor: establece normas de transparencia, autorización y conducta.
3. Integridad del mercado: previene el abuso de mercado, la información privilegiada y la manipulación.

¿A quién regula MiCA?

MiCA regula a dos actores principales:

1. Emisores de criptoactivos: aquellos que crean y ofrecen criptoactivos al público. MiCA exige la publicación de un "libro blanco" (White Paper), un documento informativo con contenido regulado, similar a un folleto de emisión.

2. Proveedores de servicios de criptoactivos (CASP): este es el término que la ley impone. Un CASP es cualquier entidad que preste servicios como:
   - Custodia y administración de criptoactivos.
   - Operación de una plataforma de negociación (un Exchange).
   - Canje de criptoactivos por fondos (Fiat) u otros criptoactivos.
   - Asesoramiento sobre criptoactivos.

Clasificación de criptoactivos según MiCA

MiCA clasifica los activos (distinción vital que ya introduje en el Módulo 1) en tres categorías principales, imponiendo obligaciones diferentes a cada una:

1. Fichas referenciadas a activos (**ARTs** - Asset-Referenced Tokens): son las Stablecoins que mantienen su valor referenciándose a una cesta de activos (ej. varias divisas, oro, u otros criptoactivos). Tienen una regulación estricta.
2. Fichas de dinero electrónico (**EMTs** - e-Money Tokens): son las Stablecoins más comunes, que mantienen su valor referenciándose a una única moneda fiduciaria (ej. Tether o USDC, referenciadas al dólar). Sus emisores deben ser entidades de dinero electrónico o entidades de crédito.
3. Otras fichas (incluyendo fichas de utilidad - **Utility Tokens**): es la categoría general para el resto de criptoactivos que no son ARTs o EMTs, como Bitcoin o las fichas de utilidad.

¿Qué queda fuera de MiCA?

Para un asesor legal, es tan importante saber qué regula como qué excluye:

- Valores negociables (**Security Tokens**): Como vimos en el Módulo 1, si un Token representa una acción o un bono, no se regula por MiCA, sino por la normativa de mercados de valores tradicional (MIFID II).
- Tokens no fungibles (**NFTs**) únicos: MiCA excluye los NFTs que sean verdaderamente únicos y no fungibles. Sin embargo, pone una advertencia: si los NFTs se emiten en grandes series o son fraccionados, la autoridad (CNMV o ESMA) podría considerarlos valores negociables o criptoactivos bajo MiCA, analizando caso por caso.
- Bancos centrales (**CBDCs**): las futuras monedas digitales de banco central (como el Euro digital) están excluidas.

2.3. La adaptación en España: el nuevo rol de la CNMV

Esta es la actualización más crítica para el asesor en España. La entrada en vigor de MiCA reordena las competencias supervisoras.

El régimen anterior: el registro del banco de España (BdE)

Hasta la llegada de MiCA, la única regulación específica en España era la derivada de la transposición de la normativa AML (ley 10/2010, modificada por el RDL 7/2021).

Esta norma creó el registro de proveedores de servicios de cambio de moneda virtual por moneda fiduciaria y de custodia de monederos electrónicos en el Banco de España (BdE).

Es crucial entender que este no era un registro de licencia financiera, sino un registro de sujeción a obligaciones de antilavado, era un primer paso, pero no una supervisión prudencial completa.

El nuevo régimen post-MiCA: la CNMV como autoridad

Con MiCA, el panorama cambia radicalmente. Ya no hablamos de un "registro" AML, sino de una "autorización" para operar como proveedor de servicios financieros (un CASP).

La Comisión Nacional del Mercado de Valores (CNMV) ha sido designada en España como la autoridad competente principal para la autorización y supervisión de los CASPs, trabajando bajo la coordinación de la autoridad europea (ESMA).

El registro del BdE queda, por tanto, superado. Las empresas que quieran operar en España tienen que solicitar la autorización MiCA ante la CNMV.

El régimen transitorio ("grandparenting")

Para asegurar una transición ordenada, España ha hecho uso del régimen transitorio que permite MiCA:

- Los proveedores que ya estaban operando legalmente en España (es decir, los inscritos en el registro del BdE antes del 30 de diciembre de 2024) pueden seguir operando provisionalmente sin la licencia MiCA.

- Esta dispensa provisional tiene una fecha límite: 1 de julio de 2026.
- A partir de esa fecha, todo proveedor que opere en España deberá tener la autorización MiCA completa expedida por la CNMV.

2.4. Otras regulaciones españolas relevantes

Aunque MiCA es el pilar, el asesor debe conocer otras dos normativas que siguen vigentes:

- **Ley 10/2010** (prevención de blanqueo): como se mencionó, esta es la ley marco que sujeta a los CASPs (antes VASPs) a las obligaciones de KYC (identificación del cliente), Due Diligence y reporte de operaciones sospechosas al SEPBLAC, siendo la norma que introdujo, a través del RDL 7/2021 el registro obligatorio en el Banco de España para los proveedores de cambio y custodia.

  https://www.boe.es/eli/es/l/2010/04/28/10/con

- **Circular 1/2022** (publicidad): antes de MiCA, la CNMV ya había intervenido para controlar la publicidad masiva de criptoactivos. Esta circular sigue vigente y exige que las campañas publicitarias dirigidas a inversores en España sean claras, equilibradas, no engañosas e incluyan advertencias de Riesgo, sometiendo a comunicación previa aquellas campañas masivas dirigidas a más de 100.000 personas.

  https://www.boe.es/eli/es/cir/2022/01/10/1

- **Ley 11/2021** (Medidas de Prevención y Lucha contra el Fraude Fiscal): Esta es la tercera gran normativa que el asesor debe tener en su radar. Introdujo por primera vez en el ordenamiento español la obligación específica de informar sobre la tenencia y operativa con monedas virtuales (tanto en España como en el extranjero), dando origen a los futuros modelos 721, 172 y 173.

  https://www.boe.es/buscar/act.php?id=BOE-A-2021-11473

- **Ley del Mercado de Valores** (LMV): Para aquellos activos que quedan excluidos de MiCA por tener la consideración de instrumentos financieros (los Security Tokens), la normativa aplicable en España sigue siendo la Ley del Mercado de Valores y los Servicios de Inversión (Ley 6/2023), que transpone la directiva MiFID II.

  https://www.boe.es/eli/es/l/2023/03/17/6/con

Fin del Módulo 2

Con el marco tecnológico (Módulo 1) y el marco regulatorio (Módulo 2) establecidos, el lector ya comprende el ecosistema y sus reglas. Ahora podemos adentrarnos en cómo los clientes interactúan con él: la inversión, los riesgos y las estrategias que adoptan, lo cual será objeto del Módulo 3.

Módulo 3. Inversión, Riesgos y Estrategias

Comprendido el marco tecnológico y el regulatorio, es imperativo que el asesor entienda qué hace su cliente con los criptoactivos. Las estrategias de inversión que adopta un cliente tienen implicaciones fiscales radicalmente distintas.

El objetivo de este Módulo es capacitar al profesional para identificar la operativa de su cliente, anticipar los riesgos asociados y comprender el origen de los hechos imponibles que deberá tratar posteriormente.

3.1. Métodos de inversión: el origen de los activos

Nuestros clientes no sólo compran Bitcoin en un Exchange. La industria ha generado métodos de financiación e inversión complejos que el asesor debe conocer, ya que la forma en que se adquiere un activo determina su tratamiento.

ICO (initial coin offering - oferta inicial de moneda)

- Definición: es el análogo en el mundo cripto a una oferta pública inicial (OPI) o una ronda de crowdfunding. Una nueva empresa (startup) que desarrolla un proyecto Blockchain busca financiación. Para ello, emite y vende sus propios Tokens (generalmente Utility Tokens que darán acceso al futuro servicio) al público.
- El mecanismo: los inversores no suelen pagar en euros. Lo habitual es que paguen entregando una criptomoneda establecida (como Ethereum - ETH). A cambio, reciben los nuevos Tokens del proyecto en su Wallet.

- Implicación fiscal clave para el asesor: esta operación no es una simple compra. Para el inversor (su cliente), esta operación constituye una permuta. El cliente está entregando ETH y recibiendo Token-x. En ese preciso instante, se produce una ganancia o pérdida patrimonial (g/pp) por la diferencia entre el valor de adquisición del ETH entregado y el valor de mercado (en euros) de los Tokens recibidos. Es un hecho imponible que debe declararse en IRPF, aunque el cliente no haya "tocado" un solo euro.

IDO (Initial DEX Offering - oferta inicial en DEX)

- Definición: este es un método más evolucionado que la ICO. La venta inicial del Token no se hace en la web del proyecto, sino directamente en un Exchange descentralizado (DEX), como Uniswap.
- Implicación para el asesor: la operativa fiscal es idéntica (permuta), pero el riesgo para el cliente es mayor. Al no haber un intermediario centralizado, estos lanzamientos pueden ser más susceptibles a la volatilidad extrema y a estafas conocidas como Rug Pulls (donde los promotores desaparecen con los fondos una vez colocados los tokens emitidos).

IGO (Initial Game Offering - oferta inicial de juego)

- Definición: un sub-nicho de las IDOs, enfocado exclusivamente en el sector GameFi (juegos "play-to-earn"). Los inversores adquieren los Tokens nativos del juego o los NFTs necesarios para participar en él.

- Implicación para el asesor: introduce la complejidad de los NFTs desde el momento cero de la inversión. A diferencia de los tokens fungibles, la compra de un NFT puede tener la consideración de prestación de servicios sujeta a IVA, una distinción crítica que analizaremos en profundidad en el Módulo 10.4.

3.2. Estrategias de inversión y sus consecuencias fiscales

La estrategia define la frecuencia de los hechos imponibles.

HODLing (comprar y mantener)

- Definición: deriva de un error tipográfico de la palabra "hold" (mantener) y se ha convertido en un mantra. Es la estrategia de inversión a largo plazo: comprar criptoactivos y mantenerlos durante años, esperando una revalorización.
- Implicación fiscal (IRPF): es la estrategia más sencilla de gestionar fiscalmente. El principio fiscal clave aquí es el de "no sujeción por la mera tenencia". La simple revalorización latente de los activos en el Wallet del cliente no tributa en IRPF.

  El hecho imponible (g/pp) solo se devenga en el momento de la venta o permuta (Art. 33.1 LIRPF).
- Implicación fiscal (Impuesto sobre el Patrimonio): aquí reside la obligación clave del HODLer. Aunque no pague IRPF, si su patrimonio neto (sumando criptoactivos y resto de bienes) supera los límites legales, está obligado a declarar los criptoactivos en el Impuesto sobre el Patrimonio (IP). Deberá declararlos por su valor de mercado a 31 de diciembre de cada año.

Trading (compraventa activa)

- Definición: es la operativa a corto plazo (diaria, semanal). El cliente busca obtener beneficios de las fluctuaciones del mercado. Crucialmente, esto implica no solo operaciones cripto-Fiat (vender a euros), sino constantes permutas cripto-cripto (vender Bitcoin para comprar Solana, etc.).
- Implicación fiscal (IRPF): esta es la operativa más compleja para el asesor. Cada permuta cripto-cripto es un hecho imponible que genera una g/pp. Un trader activo puede generar miles de hechos imponibles en un solo ejercicio fiscal.
- El desafío FIFO: el asesor debe aplicar el método FIFO (first-in, first-out), el único criterio válido según la DGT (V0808-18). Esto significa que al vender, se considera que se venden las monedas más antiguas que se poseían.
- Rol del asesor: es materialmente imposible calcular esto manualmente. El asesor debe exigir a su cliente el uso de un software de seguimiento fiscal (ej. Cointracking, koinly, etc.) Que se conecte a sus Exchanges y Wallets vía api y genere el informe FIFO anual. Sin esta herramienta, la declaración es inabordable en caso de múltiples operaciones.

Arbitraje

- Definición: una forma de trading que consiste en explotar las diferencias de precio de un mismo criptoactivo en diferentes mercados. Ejemplo: comprar 1 BTC en el Exchange A por 50.000€ y venderlo simultáneamente en el Exchange B por 50.100€.

- Implicación fiscal (IRPF): idéntica al trading. Cada operación de arbitraje consta, como mínimo, de dos hechos imponibles (la compra y la venta/permuta) que deben ser registrados y calculados vía FIFO.

3.3. Riesgos y consideraciones (legales y prácticas)

El asesor no solo gestiona impuestos; gestiona riesgos. En el ecosistema cripto, estos riesgos son extremos y tienen consecuencias directas en el patrimonio del cliente.

Riesgo de mercado: volatilidad

- Definición: los precios de los criptoactivos pueden fluctuar dos dígitos en cuestión de horas.
- La implicación fiscal (el desfase de liquidez): este es uno de los conceptos más difíciles de explicar al cliente y más peligrosos.

  Ejemplo práctico: un cliente permuta 10 ETH (comprados a 1.000€/u) por 50.000 Tokens-x en Marzo, cuando el ETH vale 3.000€.

  - En ese momento, ha generado una ganancia patrimonial de (3.000€ - 1.000€) * 10 = 20.000€.
  - La tributación de esa ganancia (pongamos aprox. 4.600€) se pagará en la declaración de renta del año siguiente (Junio).
  - Si en Diciembre de ese año, el proyecto de los Tokens-x fracasa y su valor cae a 0€, el cliente sigue debiendo 4.600€ a Hacienda por una ganancia que ya no existe en su patrimonio.

- Rol del asesor: planificación fiscal. Aconsejar al cliente que, tras una permuta o venta con alta plusvalía, provisone en euros el porcentaje correspondiente al pago de impuestos.

Riesgo de contraparte: la quiebra de plataformas

- Definición: el riesgo de que el tercero que custodia los fondos (el Exchange o plataforma de Lending) quiebre, sea intervenido o congele los fondos. Tengamos muy presente los casos de FTX, Celsius, Blockfi o MT Gox, en los que fueron millones de usuarios los que perdieron el acceso a sus activos.
- Implicación legal y fiscal: cuando un Exchange entra en concurso de acreedores, el cliente deja de tener la "propiedad" de sus criptos y pasa a tener un derecho de crédito contra la masa concursal.
- La pregunta del cliente: "¿puedo declarar esto como una pérdida?" aquí el asesor debe ser cauto. La DGT ha sido muy restrictiva (V1632-18), indicando que la pérdida solo se materializa (y es deducible) cuando el crédito se declara judicialmente incobrable o finaliza el proceso concursal, lo cual puede tardar años.

Riesgo de seguridad (hackeo, estafa o pérdida)

- Definición: abarca desde el *phishing* (robo de contraseñas del Exchange), *scams* (estafas), hasta el escenario más dramático: la pérdida de la clave privada de una Wallet de autocustodia (cold Wallet).

- Implicación legal y práctica: si un cliente pierde la clave privada o la "frase semilla" de su Wallet (como un Ledger o Trezor), esos fondos son técnicamente irrecuperables para siempre. No hay un "servicio de atención al cliente" al que llamar.
- Implicación fiscal: similar al riesgo de contraparte. La DGT no ha admitido, por regla general, que un robo o una pérdida por negligencia (pérdida de claves) constituyan una pérdida patrimonial deducible en IRPF, al no derivar de una "transmisión". Este es uno de los puntos más conflictivos y con mayor litigiosidad fiscal.

3.4. Impacto de la volatilidad en la planificación Financiera y fiscal

Esta sección, derivada de la anterior, merece su propio énfasis, ya que es la principal fuente de conflictos entre el cliente y la administración (y, por extensión, con su asesor).
El asesor debe entender y transmitir dos realidades de la planificación fiscal cripto:

1. El hecho imponible inconsciente: la mayoría de los clientes no saben que la operación cripto-cripto (permuta) genera tributación. Creen erróneamente que "mientras no lo pase a euro, no paga". La primera labor del asesor es desmontar esta creencia.
2. Tributación sobre ganancias no líquidas: como se vió en el ejemplo del módulo 3.3, se tributa sobre un valor de mercado (en euros) en el momento de la permuta, aunque no se haya recibido un solo euro.

La volatilidad exige una gestión de tesorería fiscal proactiva por parte del cliente, y el asesor es la única persona que puede advertirle de la necesidad de provisionar fondos líquidos (euros) para hacer frente a las obligaciones fiscales que se devengarán en el ejercicio siguiente.

Fin del Módulo 3

Hemos cubierto el qué, el dónde y el cómo. El lector está ahora preparado para adentrarse en los aspectos más técnicos y específicos que afectan a la práctica profesional del asesor, como son el cumplimiento normativo (AML) y la protección de datos, que veremos en el siguiente módulo.

Módulo 4. Cumplimiento Normativo (AML) y Protección de Datos

Para el gestor, abogado o fiscalista, este módulo es de una importancia capital. El ecosistema cripto, nacido en un ideal de pseudo-anonimato, se ha convertido en uno de los sectores más intensamente vigilados desde la perspectiva del cumplimiento normativo (o compliance).

Analizaremos los dos pilares del cumplimiento en España: la prevención del blanqueo de capitales (AML) y la protección de datos (RGPD) y cómo su interacción con la tecnología Blockchain genera nuevos y complejos desafíos.

4.1. Marco de prevención de blanqueo de capitales (AML/CFT)

El principal motor regulatorio a nivel global (como vimos con el GAFI) ha sido el temor al uso de criptoactivos para el lavado de dinero y la financiación del terrorismo (AML/CFT).

La transposición europea: 5ª y 6ª Directiva AML

El punto de inflexión en Europa fue la aprobación de la 5ª Directiva (UE) 2018/843.

https://eur-lex.europa.eu/legal-content/ES/TXT/?uri=CELEX:32018L0843

Esta directiva reconoció explícitamente los "activos virtuales" y, por primera vez, impuso obligaciones AML a dos tipos de operadores:

1. Proveedores de servicios de cambio de moneda virtual por moneda fiduciaria.
2. Proveedores de servicios de custodia de monederos electrónicos.

La 6ª Directiva complementó esto armonizando las definiciones de los delitos y endureciendo las sanciones.

https://eur-lex.europa.eu/legal-content/ES/TXT/?uri=CELEX:32018L1673

La adaptación en España: la Ley 10/2010

En España, estas directivas se transpusieron mediante el Real Decreto-Ley 7/2021, que modificó la ley troncal en esta materia: la Ley 10/2010, de 28 de abril, de Prevención del Blanqueo de Capitales y de la Financiación del Terrorismo. Esta modificación es la que da origen al famoso (y ya superado por MiCA) registro del Banco de España (BdE).

https://www.boe.es/eli/es/rdl/2021/04/27/7

4.2. Los sujetos obligados: ¿quién debe cumplir?

La Ley 10/2010 establece un listado de "sujetos obligados" que deben implementar políticas activas de AML, asegurando controles de diligencia y prevención adecuados en sus operaciones. Y la reforma de 2021 añadió explícitamente a los proveedores de criptoactivos (denominados VASPs por GAFI, y ahora **CASPs** por MiCA) aclarando que también ellos deben cumplir con los mismos requisitos y procedimientos de control que el resto del sector.

La ley española (Art. 2.1) extiende estas obligaciones de cumplimiento a dos figuras clave:

1. Proveedores de cambio: entidades que ofrecen servicios de cambio de moneda virtual por moneda fiduciaria (ej. Comprar Bitcoin con euros en un Exchange).
2. Proveedores de custodia: entidades que controlan las claves privadas de sus clientes (los Wallets de custodia que vimos en el Módulo 1).

El registro en el BdE se estableció como condición obligatoria para operar en España con un objetivo específico: someter a los proveedores a la normativa de prevención de blanqueo y a la supervisión del SEPBLAC.

Con la entrada en vigor de MiCA, este registro puramente de cumplimiento AML fue sustituido por la licencia completa de la CNMV, manteniéndose válido únicamente para operadores antiguos durante el periodo transitorio.

La implicación directa para el asesor: ¿es usted un sujeto obligado?

Esta es la ampliación más crítica para nuestro público. A menudo, el asesor fiscal, el gestor o el abogado ya son sujetos obligados por la Ley 10/2010 (Art. 2.1.o) cuando "participen en la concepción, realización o asesoramiento de operaciones por cuenta de clientes relativas a la compraventa de bienes inmuebles o entidades comerciales... [o]... la gestión de fondos, valores u otros activos".

El escenario de riesgo:

- Un cliente le informa que desea adquirir un inmueble en España.

- Le comunica que los fondos para la compra provienen de la venta de sus criptomonedas.
- En ese momento, el asesor que media en la operación está obligado a realizar una diligencia debida sobre el origen de esos fondos.
- Ya no basta con ver la transferencia bancaria. El asesor debe indagar sobre el origen lícito de los criptoactivos que generaron esos fondos: ¿provienen de minería, trading, staking? ¿su origen es una Wallet de autocustodia o un Exchange?
- Aceptar estos fondos sin una diligencia reforzada expone al asesor a una grave responsabilidad por incumplimiento de la Ley 10/2010.

4.3. Las obligaciones clave de cumplimiento

Cuando una entidad (o un asesor) es sujeto obligado, debe implementar un sistema de cumplimiento que incluye, como mínimo:

Identificación del cliente (KYC - know your customer)

- Identificación formal: no basta con un email. Se requiere la identificación fehaciente del cliente (dni, NIF, pasaporte) y, en caso de sociedades, la identificación del titular real (UBO - ultimate beneficial owner).
- El desafío cripto: el KYC vincula una identidad del mundo real a una o varias direcciones de Blockchain.

Diligencia debida (Due Diligence)

Esto va más allá del KYC. Es una obligación de análisis continuo:

- Origen de los fondos: entender la procedencia del dinero Fiat y de los criptoactivos del cliente.
- Propósito de la relación: comprender la naturaleza de la actividad profesional o empresarial del cliente.
- Monitorización de transacciones: vigilar la operativa del cliente. En el mundo cripto, esto implica analizar transacciones en la Blockchain.
- Diligencia reforzada: aplicar medidas adicionales si el cliente opera con jurisdicciones de alto riesgo (paraísos fiscales) o utiliza herramientas de anonimización (como mixers o tumblers), que son programas diseñados para ofuscar el rastro de las transacciones.

Obligación de reporte al SEPBLAC

- Comunicación por indicio: si, tras el análisis, el sujeto obligado detecta una operación sospechosa (independientemente de su cuantía) de la que infiere que puede estar vinculada al blanqueo, tiene la obligación legal de comunicarlo al SEPBLAC.
- Examen especial: analizar con especial atención cualquier operación que, por su naturaleza, pueda estar ligada al blanqueo (ej. operativa ilógica, fraccionamiento de pagos, etc.).

4.4. Protección de datos (RGPD) en el ecosistema cripto

Aquí surge el gran conflicto legal de la era digital. Mientras la normativa AML exige "recopilar y guardar" datos, el Reglamento General de Protección de Datos (RGPD) exige "minimizar y proteger" los datos.

La tensión fundamental: transparencia vs. privacidad

La Blockchain pública es, por definición, transparente. Cualquiera puede ver todas las transacciones entre direcciones (que son pseudónimos).

El proceso de KYC que acabamos de describir rompe ese pseudonimato. Vincula un DNI (dato personal) a una dirección pública (clave pública), haciendo que toda la actividad de esa dirección sea atribuible a una persona física.

El gran conflicto: el derecho al olvido vs. la inmutabilidad

Este es un desafío legal de primer orden, perfecto para el debate entre juristas:

- El RGPD (art. 17): otorga a los ciudadanos el "derecho de supresión" o "derecho al olvido", permitiéndoles solicitar que sus datos personales sean eliminados.
- La Blockchain (tecnología): es, por diseño, inmutable. Un dato escrito en un bloque no puede, tecnológicamente, ser modificado o eliminado.
- El problema: ¿qué ocurre si un dato personal (un nombre, un NIF) se registra accidental o intencionadamente on-chain (dentro de una transacción o un Smart Contract)? El derecho del ciudadano choca frontalmente con la arquitectura del sistema.

- La solución (parcial): la práctica de compliance actual exige que los datos personales (KYC) se almacenen siempre off-chain (fuera de la Blockchain), en servidores seguros y cifrados. De modo que en la Blockchain sólo debe operar el pseudónimo (la clave pública).

El rol del asesor como responsable del tratamiento

- Tanto los CASPs como los propios asesores (abogados, gestores) son responsables del tratamiento de los datos de sus clientes, en virtud del RGPD.
- Ampliación del riesgo: la información fiscal y de compliance de un cliente de criptoactivos (listados de direcciones Blockchain, declaraciones de Exchanges, informes FIFO) es considerada información financiera de alto riesgo.
- El profesional debe asegurarse de que sus propias medidas de seguridad (cifrado de archivos, control de acceso, política de copias de seguridad) son extremadamente robustas.

Fin del Módulo 4

Hemos cubierto los dos pilares del cumplimiento: identificar al cliente (AML) y proteger sus datos (RGPD). El lector ahora comprende la enorme carga de responsabilidad que implica operar en este sector.

Con esta base, estamos listos para entrar en el núcleo del libro: la fiscalidad pura y dura. Empezaremos en el siguiente Módulo con el impuesto clave para la mayoría de clientes: el IRPF.

Parte II: FISCALIDAD EN PROFUNDIDAD (ESPAÑA)

Módulo 5. Impuesto sobre la Renta de las Personas Físicas (IRPF)

El IRPF es el impuesto que genera la mayor complejidad y el mayor volumen de consultas en la operativa con criptoactivos. La dificultad no reside en la existencia de una normativa específica, sino en la correcta calificación de las rentas obtenidas.

5.1. Naturaleza jurídico-fiscal: la piedra angular

Antes de analizar los hechos imponibles, es crucial definir la naturaleza de los criptoactivos para el IRPF.

La Dirección General de Tributos (DGT), en su consulta vinculante V0999-15, estableció el criterio fundamental que rige toda la fiscalidad de las criptomonedas (como Bitcoin) en España:

- No son moneda de curso legal (no es dinero).
- No tienen la consideración de "efectos comerciales" o "divisas" a efectos del impuesto.
- Son bienes inmateriales, computables por unidades o fracciones de unidades.
- A efectos del Impuesto sobre el Patrimonio (IP), deben considerarse como "demás bienes y derechos de contenido económico" (art. 25 LIP).

Esta definición implica que, salvo prueba en contrario (como una actividad económica), las rentas derivadas de su tenencia se calificarán, por regla general, como ganancias y pérdidas patrimoniales (g/pp), de acuerdo con el artículo 33.1 de la ley 35/2006 del IRPF (LIRPF), al existir una "variación en el valor del patrimonio del contribuyente".

5.2. Ganancias y pérdidas patrimoniales (g/pp)

Es la categoría principal donde tributa la operativa de inversión y trading. Las g/pp se integran en la base imponible del ahorro, tributando a tipos que oscilan del 19% al 30%.

Hecho imponible: la transmisión

La ganancia o pérdida patrimonial se devenga en el momento de la transmisión del criptoactivo. Los casos más comunes son:

A. Compraventa (operativa cripto-Fiat):

- Definición: es la operación más sencilla: la venta de criptoactivos (BTC, ETH...) A cambio de moneda fiduciaria (euros, dólares).
- Cálculo (art. 35 LIRPF): g/pp = valor de transmisión - valor de adquisición.
- Valor de transmisión: importe real en euros recibido, menos los gastos y tributos inherentes a la transmisión (ej. comisiones del Exchange por la venta).
- Valor de adquisición: importe real en euros pagado en su día, más los gastos y tributos inherentes a la adquisición (ej. comisiones del Exchange por la compra).

B. Permuta (operativa cripto-cripto): "el hecho imponible oculto"

- Definición: es el intercambio de un criptoactivo por otro (ej. vender BTC para comprar ETH).
- El criterio de la DGT (V0999-15, V1632-18): la DGT ha sido tajante. La permuta de criptomonedas no es una simple reasignación de cartera; es una transmisión que genera una ganancia o pérdida patrimonial.
- Impacto práctico: este es el error más común del contribuyente, que cree que "mientras no lo pase a euros, no tributa". El asesor debe advertir que cada trade cripto-cripto es un hecho imponible que debe declararse en IRPF.
- Cálculo (art. 37.1.h LIRPF): en una permuta, la ganancia o pérdida se determina por la diferencia entre el valor de adquisición del bien que se entrega (BTC) y el mayor de los dos siguientes:

    1. El valor de mercado del bien que se entrega (BTC).
    2. El valor de mercado del bien que se recibe a cambio (ETH).

- Valor de mercado: a efectos prácticos, se toma el valor en euros del criptoactivo recibido en el momento de la permuta, según el Exchange donde se realice. Ese valor será, a su vez, el nuevo valor de adquisición del criptoactivo recibido (ETH) para futuras transmisiones.

Norma de valoración: método FIFO (First-In, First-Out)

- El problema: un cliente compra 1 BTC en 2020 a 10.000€ y 1 BTC en 2022 a 40.000€. En 2025 vende 1 BTC por 60.000€. ¿qué valor de adquisición debe usar?
- La solución de la DGT (V0808-18): al tratarse de bienes homogéneos (mismo tipo de criptoactivo), la DGT impone la aplicación obligatoria del criterio FIFO.
- Criterio FIFO: se considera que los criptoactivos transmitidos son los que se adquirieron en primer lugar.
- Aplicación práctica: en el ejemplo, el contribuyente debe usar el valor de adquisición de 10.000€ (el primero que entró), generando una ganancia de 50.000€. No puede elegir usar el de 40.000€ (criterio lifo o precio medio ponderado no son válidos).
- Desafío para el asesor: este criterio debe aplicarse de forma separada para cada tipo de criptoactivo (un FIFO para BTC, otro para ETH, etc.) Y de forma global, independientemente del Exchange o Wallet donde estén. A esto ayuda el uso de software fiscal especializado.

5.3. Rendimientos de capital mobiliario (RCM)

No toda la rentabilidad cripto proviene de una transmisión. Existen rentabilidades "pasivas" asimilables a los intereses o dividendos, que se califican como RCM (art. 25 LIRPF) y se integran también en la base imponible del ahorro.

Staking (Prueba de Participación - POS)

- Definición: el contribuyente "bloquea" sus criptomonedas (las deposita como garantía) para ayudar a validar transacciones en una red POS (Módulo 1) y recibe a cambio una recompensa en forma de más criptomonedas.
- Calificación de la DGT (V0470-21): la DGT califica estas recompensas como rendimientos de capital mobiliario. Se asimilan a la "cesión a terceros de capitales propios" (Art. 25.2 LIRPF).
- Devengo e imputación: el rendimiento se obtiene en el momento en que se reciben las nuevas monedas.
- Valoración: el rendimiento a imputar es el valor de mercado (en euros) de las criptomonedas recibidas en el momento de la percepción.
- Importante: ese valor de mercado será el valor de adquisición de esas nuevas monedas. Cuando en el futuro el cliente las venda (permute), tributarán como g/pp, pero su valor de adquisición será el que ya tributó como RCM (evitando la doble imposición).

Lending (préstamos de criptoactivos)

- Definición: el cliente cede temporalmente sus criptomonedas a una plataforma o a un tercero, que le paga un "interés" (normalmente en la misma criptomoneda).
- Calificación: es un caso claro de cesión de capitales. Los intereses recibidos son rendimientos de capital mobiliario (Art. 25.2 LIRPF).

- Tratamiento: idéntico al Staking. El valor de mercado de las monedas recibidas como interés se imputa como RCM en el año de percepción.

Pools de liquidez (liquidity mining / yield farming)

- Definición (avanzada): el cliente aporta liquidez (generalmente un par de Tokens) a un Exchange descentralizado (DEX) para facilitar las permutas de otros usuarios. A cambio, recibe una parte de las comisiones de la plataforma.
- Calificación: aunque más complejo, la naturaleza económica es la misma: cesión de capitales (los Tokens aportados) para obtener una rentabilidad. Se califica como rendimiento de capital mobiliario.

5.4. Rendimientos de actividades económicas (RAE)

Esta calificación es crucial, pues implica obligaciones formales distintas (alta en IAE, IVA, libros de registro) y la renta se integra en la base imponible general (tributando a tipos marginales superiores, hasta 45%-50%+).

Minería de criptomonedas (Proof of Work - POW)

- Definición: el cliente utiliza hardware informático (tarjetas gráficas, asics) para validar transacciones y asegurar una red PoW (como Bitcoin), recibiendo criptomonedas como recompensa.
- Calificación de la DGT (V3625-17): la DGT considera la minería como una actividad económica.

- Argumento: existe una "ordenación por cuenta propia de medios de producción" (el hardware informático) y de "recursos humanos" (la persona que lo gestiona) con la finalidad de intervenir en la producción de bienes o servicios (la validación de transacciones).
- Implicaciones: el minero debe darse de alta en el IAE (epígrafe 831.9) y declarar los ingresos (valor de mercado de las monedas minadas) y restar los gastos deducibles (electricidad, amortización del hardware, internet).

Trading: ¿cuándo se considera actividad económica?

- El debate: ¿un trader muy activo que realiza miles de operaciones al año está realizando una actividad económica o generando simples g/pp?
- El criterio (art. 27.1 LIRPF): para que sea RAE, debe existir una "ordenación por cuenta propia de medios de producción y de recursos humanos".
- Posición de la DGT: la DGT ha sido muy restrictiva. En general, considera que el trading de criptoactivos (incluso si es intenso) no constituye una actividad económica si el contribuyente se limita a gestionar su propio patrimonio sin una infraestructura empresarial (sin un local, sin empleados...). Se considera g/pp.
- Excepción: sería rae si el trader tuviera empleados a su cargo para la gestión, un local afecto o si gestionara capital de terceros (lo cual requeriría licencia financiera).

5.5. Ganancias patrimoniales no derivadas de transmisión

Existen supuestos donde el contribuyente recibe criptoactivos "gratis". Estas adquisiciones lucrativas tributan como ganancia patrimonial pero se integran en la base imponible general (no en la del ahorro), al no derivar de una transmisión (art. 33.1 LIRPF).

Airdrops

- Definición: una empresa o proyecto regala Tokens a los usuarios, generalmente como estrategia de marketing o por ser tenedores de otro criptoactivo.
- Calificación (V0440-22): la DGT los califica como ganancia patrimonial en la base general.
- Devengo: se imputa en el período impositivo en que se reciben.
- Valoración: se debe imputar como ganancia el valor de mercado (en euros) del Token en el momento de su recepción.
- Valor de adquisición: ese valor será su valor de adquisición (FIFO) para futuras ventas (que sí tributarán como g/pp en la base del ahorro).

Forks (bifurcaciones de cadena)

- Definición: una actualización de software en una Blockchain que resulta en una división de la cadena, creando una nueva criptomoneda (ej. Bitcoin Cash (BCH) nació de un fork de Bitcoin (BTC). Los tenedores de la moneda original reciben gratis la nueva.

- Calificación (V0808-18): la DGT establece un criterio peculiar. La recepción de la nueva moneda no genera tributación en el momento del fork (valor de adquisición = 0 €). La tributación se difiere al momento de su futura venta.
- Tributación futura: cuando se venda la moneda recibida del fork (BCH), toda la contraprestación recibida será una ganancia patrimonial (base del ahorro), ya que su valor de adquisición fue cero.

5.6. Casos especiales y conflictivos

Pérdidas por robo, hackeo, estafa (scam) o quiebra.

- El problema: el cliente pierde sus criptoactivos por un ciberataque, una estafa (ej. Rug Pull) o la quiebra del Exchange que los custodiaba.
- Posición de la DGT (V1632-18, V2833-19): es la posición más perjudicial para el contribuyente. La DGT considera que estas pérdidas no son deducibles en IRPF.
- Argumento: la ley (art. 33.5.b LIRPF) excluye de cómputo como pérdidas patrimoniales las "no justificadas" y las "debidas al consumo". La DGT interpreta que una pérdida por robo o estafa no deriva de una "transmisión" y, por tanto, no puede generar una pérdida patrimonial computable.
- Excepción (crédito incobrable): en el caso de la quiebra de un Exchange (como FTX), el cliente pasa a tener un derecho de crédito contra la masa concursal. Podría llegar a computar la pérdida, pero solo cuando el crédito se declare judicialmente incobrable, lo cual puede tardar muchos años.

Exit Tax (Impuesto de Salida) - (Art. 95 bis LIRPF)

- Definición: gravamen sobre plusvalías latentes para contribuyentes que pierden su residencia fiscal en España.
- Aplicación a criptoactivos: sí, aplica.
- Requisitos:
    1. Haber sido residente fiscal en España al menos 10 de los 15 últimos años.
    2. Dejar de ser residente.
    3. Que el valor de mercado de sus acciones o participaciones supere los 4 millones de euros, o...
    4. ...que el valor de mercado del total de sus bienes (incluyendo criptoactivos, inmuebles, etc.) Supere 1 millón de euros, y que las acciones/participaciones representen más del 25% de dicho patrimonio.
- El hecho imponible: el contribuyente debe tributar por la plusvalía latente (diferencia entre valor de mercado actual y valor de adquisición) de sus criptoactivos, como si los hubiera vendido.
- Criterio administrativo: la Dirección General de Tributos ha aclarado expresamente (Consulta V0468-22) que el valor de los criptoactivos debe computarse para determinar si el patrimonio del contribuyente supera el umbral de 1 millón de euros que, junto con el resto de requisitos, puede activar la aplicación de este impuesto.

Fin del Módulo 5

Este Módulo cubre la totalidad de la casuística del IRPF. Hemos sentado la base de la tributación directa. El siguiente paso lógico es analizar el tratamiento en el impuesto sobre sociedades, donde la clave no es la fiscalidad, sino la contabilidad.

Módulo 6. Impuesto sobre Sociedades (IS)

En el ámbito del impuesto sobre sociedades (IS), el tratamiento de las rentas derivadas de criptoactivos sigue la regla general del artículo 10.3 de la Ley 27/2014, de 27 de noviembre, del impuesto sobre sociedades (LIS): la base imponible se calculará, corrigiendo, mediante la aplicación de los preceptos establecidos en esta ley, el resultado contable.

Esto significa que nuestra primera pregunta debe ser: ¿cómo se contabilizan los criptoactivos?

6.1. La consulta clave: el ICAC y la calificación contable

La referencia fundamental en España es la consulta 5 del BOICAC 130/2022, emitida por el Instituto de Contabilidad y Auditoría de Cuentas (ICAC).

Esta consulta, aunque se centra en un caso de minería, establece el criterio general para la calificación de todas las criptomonedas (como Bitcoin o Ethereum) en el balance de una empresa.

El ICAC establece que la calificación contable depende del modelo de negocio de la empresa o, en otras palabras, de la intención con la que la sociedad adquiere y mantiene dichos activos. De modo que abre dos vías principales de clasificación:

1. Como inmovilizado intangible.
2. Como existencias.

Analicemos las profundas diferencias contables y fiscales de cada una.

6.2. Opción 1: criptoactivos como inmovilizado intangible

Esta es la calificación que aplica a la mayoría de empresas que no se dedican profesionalmente al trading de criptoactivos.

- ¿Cuándo aplica? cuando la empresa adquiere criptomonedas con una vocación de permanencia a largo plazo (HODL). No las compra para especular a corto plazo, sino como una inversión estratégica, una reserva de valor o (potencialmente) para su uso en la actividad (ej. Una empresa tecnológica que las usa para un proyecto).
- Norma de valoración aplicable: NRV 5ª ("inmovilizados intangibles") del Plan General Contable (PGC).

Tratamiento contable

1. Valoración inicial: se registran por su coste de adquisición.
2. Amortización: el ICAC considera que las criptomonedas son activos intangibles con una vida útil indefinida (como las marcas o los terrenos). Por lo tanto, no se amortizan.
3. Valoración posterior (cierre de ejercicio): al no amortizarse, se mantienen por su coste de adquisición, pero deben someterse a un test de deterioro (NRV 2ª) al menos al cierre del ejercicio.
    - Si hay deterioro (valor de mercado < valor contable): si su valor recuperable (el mayor entre su valor razonable y su valor en uso) es inferior a su valor contable, se debe registrar una pérdida por deterioro (gasto).

- Si se recupera el valor: la corrección por deterioro es reversible en ejercicios futuros si las causas que la motivaron desaparecen (con el límite del valor contable original).

Impacto fiscal (en el IS)

- Deterioro: la pérdida por deterioro registrada como gasto contable es fiscalmente deducible (Art. 12.2 LIS). Esto es una ventaja significativa frente al IRPF, donde las pérdidas latentes no se computan.
- Reversión del deterioro: cuando se revierte el deterioro (ingreso contable), dicho ingreso se integra en la base imponible fiscal.
- Venta (baja): en el momento de la venta, el resultado contable (precio de venta - valor contable neto de deterioros) se integra en la base imponible del IS, tributando al tipo general.

6.3. Opción 2: criptoactivos como existencias

Esta calificación es específica para empresas cuyo negocio principal gira en torno a los criptoactivos.

- ¿Cuándo aplica? cuando la empresa se dedica habitualmente a la compraventa de criptomonedas (una empresa de trading profesional, un market maker) o cuando los criptoactivos son el resultado de su actividad productiva (el caso de una empresa de minería).
- Norma de valoración aplicable: NRV 10ª ("existencias") del PGC.

Tratamiento contable

1. Valoración inicial:
   - Si se compran: por su coste de adquisición.
   - Si se "producen" (minería): por su coste de producción (incluyendo la amortización del hardware de minería, el coste de electricidad, personal, etc.).
2. Valoración posterior (cierre de ejercicio): se aplica la regla general de las existencias, esto es, se valoran al menor de:
   - El coste histórico (aplicando FIFO o precio medio ponderado).
   - El valor neto realizable (VNR) (es decir, su valor de mercado menos los costes de venta).

Impacto fiscal (en el IS)

- La "asimetría" contable-fiscal: este método genera una asimetría crucial que el asesor debe entender.
  - Si el VNR es inferior al coste: la empresa debe registrar un gasto por deterioro (pérdida). Este gasto es fiscalmente deducible.
  - Si el VNR es superior al coste: la contabilidad no permite registrar un beneficio latente. El beneficio solo se reconoce contable y fiscalmente cuando se produce la venta efectiva.
- Resultado: la empresa de trading o minería deduce las pérdidas latentes al cierre del ejercicio, pero difiere la tributación de las ganancias latentes hasta el momento de la venta.

6.4. Resumen comparativo: inmovilizado vs. existencias

Para el asesor, la elección de la calificación contable inicial es la decisión más importante:

Característica	Inmovilizado intangible	Existencias (inventario)
Intención (modelo de negocio)	Tenencia a largo plazo (HODL)	Compraventa habitual (trading/minería)
Norma contable (PGC)	Nrv 5ª (inmovilizado intangible)	Nrv 10ª (existencias)
Amortización	No (vida útil indefinida)	No (no aplica)
Valoración cierre ejercicio	Coste - deterioro (test de deterioro)	Menor entre coste y valor neto realizable
Deducción pérdida latente	Sí (pérdida por deterioro)	Sí (pérdida por deterioro)
Reconocimiento ganancia latente	No	No
Reversión deterioro	Sí, es reversible	Sí, es reversible (hasta coste)

6.5. Casos específicos: Staking y Lending

- En el IRPF (Módulo 5), vimos que esto generaba rendimientos de capital mobiliario. En el impuesto sobre sociedades, el tratamiento es más simple: las recompensas (ya sean en Tokens o Fiat) recibidas por la cesión de capitales (los criptoactivos) se consideran, por regla general, ingresos financieros (grupo 76 del PGC).
- Estos ingresos financieros se integran directamente en el resultado contable del ejercicio en el que se devengan y, por tanto, forman parte de la base imponible del is desde el momento de su percepción.

Fin del Módulo 6

Una vez analizada la tributación directa de personas físicas (IRPF) y sociedades (IS), el siguiente paso es revisar los impuestos sobre la tenencia patrimonial, empezando por el Impuesto sobre el Patrimonio (IP).

Módulo 7. Impuesto sobre el Patrimonio (IP)

El Impuesto sobre el Patrimonio (IP), regulado por la Ley 19/1991, de 6 de junio, es un tributo de carácter estatal, cedido a las comunidades autónomas, que grava el patrimonio neto de las personas físicas. Su devengo se produce a 31 de Diciembre de cada año.

Para el asesor, es fundamental comprender que los criptoactivos se integran plenamente en la base imponible de este impuesto.

7.1. Sujeto pasivo y obligación de declarar

La obligación de declarar el IP no depende del tipo de bien, sino del valor total del patrimonio neto del contribuyente.

- Sujeto pasivo: las personas físicas residentes en España (por obligación personal, sobre su patrimonio mundial) o no residentes (por obligación real, sobre bienes y derechos situados en España).
- Límites de declaración: la normativa estatal establece la obligación de declarar cuando el patrimonio neto supera los 700.000 € (con una exención de 300.000 € para la vivienda habitual), pero dependerá de la Comunidad Autónoma de residencia.

  Comunidades como Madrid han bonificado el 100% de la cuota, mientras que otras (como Aragón, Cataluña o Comunidad Valenciana) han reducido el mínimo exento, por lo que la obligación de declarar (y pagar) depende críticamente de la residencia fiscal del contribuyente.

Inclusión indiscutible de criptoactivos

La DGT, en su consulta fundacional V0999-15, no sólo calificó las criptomonedas como "bienes inmateriales" a efectos de IRPF, sino que confirmó su sujeción al IP, debiendo incluirse en la declaración como "demás bienes y derechos de contenido económico".

El error frecuente: confusión entre IP y Modelo 721

Este es uno de los errores más graves y comunes. El asesor debe tener clara esta distinción:

- Impuesto sobre el Patrimonio (IP): es un impuesto sobre la riqueza neta total. Grava el valor del patrimonio.
- Modelo 721: es una declaración informativa (no se paga nada) sobre criptoactivos situados en el extranjero y bajo la custodia de terceros (Módulo 12).

La confusión surge aquí:

- Un cliente con 1.000.000 € en un cold Wallet (autocustodia):
    - ¿Declara en Modelo 721? No, porque está en autocustodia, no hay un custodio tercero en el extranjero.
    - ¿Declara en Impuesto sobre el Patrimonio? Sí, absolutamente. Su patrimonio (asumiendo que supera los mínimos) incluye ese millón de euros, y deberá declararlo y, en su caso, tributar por él.

La obligación de incluir los criptoactivos en el IP existe siempre, independientemente de dónde estén situados (España o extranjero) y de cómo estén custodiados (Exchange o cold Wallet).

7.2. Base imponible y valoración (art. 24 LIP)

El desafío para el asesor es determinar el valor a declarar.

- Norma de valoración: el artículo 24 de la ley del IP (LIP) es claro: "los demás bienes y derechos de contenido económico... se computarán por su valor de mercado en la fecha de devengo del impuesto."
- Fecha de devengo: 31 de diciembre.

Aplicación práctica: el contribuyente debe valorar la totalidad de sus tenencias de criptoactivos (BTC, ETH, NFTs, Stablecoins, etc.) A su valor de cotización en euros a las 23:59h del 31 de diciembre.

- Fuente de valoración: la ley no especifica una fuente oficial. El contribuyente debe usar un criterio razonable y documentado. Lo más habitual y defendible es utilizar el precio de cierre de un Exchange de referencia (ej. Coinbase, Binance, Kraken) o un agregador de datos reconocido (ej. Coinmarketcap, Coingecko).
- NFTs y activos sin cotización: para activos sin un mercado líquido (como NFTs o Tokens de baja capitalización), la valoración es más compleja. Se debe utilizar el valor de mercado si existe (ej. precio mínimo o floor price de la colección en un marketplace a 31/12) o, en su defecto, el valor de adquisición si es la única referencia objetiva.

7.3. La problemática de la ubicación de los criptoactivos

Esta es la cuestión legal más compleja del IP y la que más afecta al trabajo del jurista o fiscalista. La ley de 1991 no previó la existencia de bienes inmateriales descentralizados.

Saber dónde "se encuentra" un criptoactivo es vital para dos cosas:

1. Contribuyentes no residentes: determinar si tienen que tributar por obligación real (sólo si el activo está "situado en territorio español").
2. Contribuyentes residentes: determinar el punto de conexión territorial, es decir, a qué comunidad autónoma se cede el rendimiento del impuesto (lo cual afecta a la tarifa y exenciones aplicables).

¿Dónde se entiende situado un criptoactivo? La DGT ha ofrecido algunas pistas, aunque no existe una doctrina unificada y clara.

- Escenario 1: cuando los fondos están en un Exchange (custodia). Es el escenario más sencillo. El criterio es la ubicación del custodio.
    - Si el cliente tiene sus fondos en un Exchange español (ej. Bit2me), los activos se entienden situados en España (V1948-21).
    - Si el Exchange es extranjero (ej. Binance, Coinbase), los activos se entienden situados en el extranjero.

- Escenario 2: Wallet de autocustodia (cold o hot Wallet): aquí reside el vacío legal. El activo está en la Blockchain (global) y el control reside en la clave privada. ¿Dónde está la clave?
  - La DGT (V1149-21) ha insinuado que el criterio relevante podría ser la ubicación de la clave privada.
  - ¿Qué significa esto? Si el cliente (residente en España) guarda su hardware Wallet (el dispositivo usb) o su "frase semilla" (el papel) en una caja de seguridad en España, el activo se entiende situado en España.
  - Incertidumbre: ¿y si la clave está en un gestor de contraseñas en la nube? ¿o memorizada?

Posición práctica del asesor:

- Para un residente fiscal en España (obligación personal): la discusión es menos relevante para la obligación de declarar (debe declararlo todo), pero sí para la CCAA de atribución. Salvo prueba en contrario, lo más prudente es atribuir los activos en autocustodia a la residencia fiscal del contribuyente, ya que es él quien ostenta el control y la posesión.
- Para un no residente: es el caso más complejo. Si el no residente opera con un Exchange español, deberá tributar por IP. Si usa autocustodia, la sujeción a IP en España es altamente discutible y dependería de poder probar dónde se custodian las claves privadas.

Fin del Módulo 7

El Impuesto sobre el Patrimonio es el impuesto "hermano" de la figura que analizaremos a continuación. El Módulo 8 tratará el impuesto temporal de solidaridad de las grandes fortunas, que es, en esencia, un Impuesto sobre el Patrimonio estatal diseñado para armonizar la tributación que las CCAA habían bonificado.

Módulo 8: Impuesto Temporal de Solidaridad de las Grandes Fortunas (ITSGF)

La Ley 38/2022, de 27 de diciembre, introdujo en España este nuevo tributo estatal. Aunque se concibió como "temporal" (inicialmente para 2022 y 2023), su aplicación se ha prorrogado y su vocación es la de armonizar la tributación patrimonial en todo el territorio.

Su objetivo es simple: asegurar que los contribuyentes con patrimonios elevados (definidos por la ley como "grandes fortunas") soporten una carga fiscal mínima por su riqueza, independientemente de la comunidad autónoma en la que residan.

Es, en la práctica, un Impuesto sobre el Patrimonio estatal superpuesto, diseñado específicamente para neutralizar el efecto de las bonificaciones autonómicas (como la bonificación del 100% en la comunidad de Madrid o Andalucía).

8.1. Hecho imponible y sujeto pasivo

El hecho imponible y el sujeto pasivo son idénticos a los del Impuesto sobre el Patrimonio (IP):

- Sujeto pasivo: personas físicas residentes en España (por obligación personal) o no residentes (por obligación real).
- Hecho imponible: la tenencia de un patrimonio neto a 31 de Diciembre.

La configuración legal del ITSGF es una remisión directa a la Ley 19/1991 del Impuesto sobre el Patrimonio.

8.2. Aplicación a criptoactivos

Dado que el ITSGF es un calco normativo del IP, todo lo analizado en el Módulo 7 es plenamente aplicable aquí:

1. Inclusión obligatoria: los criptoactivos (BTC, ETH, NFTs, Stablecoins, etc.) Forman parte de la base imponible del impuesto.
2. Regla de valoración: su valor será el valor de mercado a 31 de Diciembre, determinado por las mismas reglas (precios de Exchanges de referencia, etc.).
3. Problemática de ubicación: se aplican los mismos criterios (custodio en Exchange o ubicación de la clave privada en autocustodia) para determinar la territorialidad.

La única diferencia no está en el cálculo de la base imponible, sino en la determinación de la cuota a pagar.

8.3. Diferencias clave con el Impuesto sobre el Patrimonio

El asesor debe manejar dos diferencias fundamentales que definen este impuesto:

- Mínimo exento:

  El ITSGF tiene un mínimo exento general de 3.000.000 €. Recordemos que en el IP, el mínimo exento estatal es de 700.000 € (y puede ser inferior según la CCAA).

  Esto significa que el ITSGF solo afecta a contribuyentes cuyo patrimonio neto total (incluyendo criptoactivos y resto de bienes, una vez descontadas deudas y la exención de vivienda habitual) supere los 3 millones de euros.

- La deducción de la cuota del IP (el mecanismo clave): esta es la regla más importante para el asesor. La ley establece que de la cuota a pagar del ITSGF, el contribuyente podrá deducir la cuota del Impuesto sobre el Patrimonio (IP) del ejercicio que haya sido efectivamente satisfecha.

8.4. Casuística práctica para el asesor

Entender este mecanismo de deducción permite explicar el impuesto al cliente de forma sencilla:

- Escenario 1: cliente en comunidad autónoma con IP (ej. Cataluña, c. Valenciana)
  - Un cliente con un patrimonio de 5M € en Cataluña.
  - Calcula su cuota de IP (autonómico) y paga, por ejemplo, 50.000 €.
  - Calcula su cuota de ITSGF (estatal) sobre esos 5M € (con la tarifa estatal), que resulta ser, por ejemplo, 52.000 €.
  - Cálculo final: cuota ITSGF (52.000 €) - cuota IP pagada (50.000 €) = 2.000 € a pagar por ITSGF.
  - Efecto: el ITSGF solo actúa como un "suplemento" si la tarifa estatal es superior a la autonómica.
- Escenario 2: cliente en comunidad autónoma con bonificación del 100% (ej. Madrid)
  - Un cliente con el mismo patrimonio de 5M € en Madrid.

- Calcula su cuota de IP (autonómico), que resulta en 50.000 €, pero aplica la bonificación del 100%.
- Cuota IP efectivamente pagada = 0 €.
- Calcula su cuota de ITSGF (estatal), que son 52.000 €.
- Cálculo final: cuota ITSGF (52.000 €) - cuota IP pagada (0 €) = 52.000 € a pagar por ITSGF.
- Efecto: el ITSGF sustituye en la práctica al IP bonificado.

Implicación para criptoactivos: un HODLer (inversor a largo plazo) de criptoactivos residente en Madrid, que no realiza ventas (y por tanto paga poco IRPF), pero cuyo patrimonio en cold Wallets y Exchanges supera los 3.000.000 € a 31 de diciembre, será sujeto pasivo de este impuesto y deberá tributar por la mera tenencia de sus activos.

Fin del Módulo 8

Cubiertos los impuestos sobre la tenencia (IP y su complemento ITSGF), el siguiente Módulo aborda el impuesto que grava la transmisión mortis causa y gratuita: el impuesto sobre sucesiones y donaciones.

Módulo 9. Impuesto sobre Sucesiones y Donaciones (ISD)

Los criptoactivos, como bienes inmateriales y derechos de contenido económico, forman parte íntegra del patrimonio de una persona. Por lo tanto, en el momento de su transmisión gratuita, ya sea mortis causa (sucesión) o inter vivos (donación), están plenamente sujetos al impuesto sobre sucesiones y donaciones (ISD), regulado por la Ley 29/1987.

Para el asesor legal y fiscal, la gestión de criptoactivos en una herencia o donación presenta desafíos únicos que van más allá del simple cálculo del impuesto.

9.1. Hecho imponible y sujeto pasivo

- Sucesiones (adquisiciones *mortis causa*):
    - Hecho imponible: la adquisición de criptoactivos (BTC, ETH, NFTs, etc.) Por parte de los herederos o legatarios, como parte del caudal relicto (la herencia) del causante (el fallecido).
    - Sujeto pasivo: el heredero o legatario que recibe los activos.
    - Devengo: la fecha de fallecimiento del causante.
- Donaciones (adquisiciones *inter vivos*):
    - Hecho imponible: la adquisición lucrativa de criptoactivos por parte del donatario.

- Sujeto pasivo: el donatario (quien recibe el regalo).
- Devengo: la fecha en que se celebra el acto o contrato (la fecha de la donación).

9.2. Base imponible: la valoración de los criptoactivos

El artículo 9 de la ley del isd establece que la base imponible será el "valor real" de los bienes y derechos adquiridos.

- Interpretación de la DGT: al igual que en el Impuesto sobre el Patrimonio, "valor real" se asimila a "valor de mercado".
- Momento de valoración: se debe tomar el valor de mercado (en euros) en la fecha de devengo (fecha de fallecimiento en sucesiones, fecha de la donación en donaciones).
- Obligación del asesor: es fundamental documentar fehacientemente esta valoración. El asesor o el heredero deberán obtener un listado de los precios de cotización de cada criptoactivo en un Exchange o agregador de datos de referencia (Coinbase, coinmarketcap, etc.) A la fecha y hora del devengo. Esta documentación será la prueba de valor ante la administración tributaria autonómica.

9.3. Problemática de la ubicación y territorialidad

Esta es la cuestión fiscal más compleja, ya que la competencia para liquidar el impuesto (y, por tanto, la normativa aplicable, bonificaciones, tarifas, etc.) depende de la residencia y de la ubicación del activo.

A. En sucesiones (herencias):

- La regla es más sencilla. El punto de conexión es la residencia habitual del causante (el fallecido).
- Si el fallecido era residente fiscal en España, sus herederos (sean residentes o no) tributarán por obligación personal (por la totalidad del patrimonio mundial, criptoactivos incluidos) en la comunidad autónoma donde el fallecido tenía su residencia.
- La ubicación física de los criptoactivos (en un Exchange extranjero o en un cold Wallet) no altera esta regla.

B. En donaciones:

- Aquí la ubicación del activo es crítica. La regla general para bienes muebles (categoría donde encajarían los criptoactivos) es la comunidad autónoma de residencia del donatario.
- El conflicto: sin embargo, si los criptoactivos se consideran situados en el extranjero (ej. en un Exchange extranjero) y el donatario es residente en España, éste deberá tributar en la agencia estatal (AEAT) sin poder aplicar las generosas bonificaciones de su CCAA.
- Criterio aplicable: se aplican por analogía los mismos criterios de ubicación que en el Impuesto sobre el Patrimonio (Módulo 7):

    1. Exchange (custodia): el activo se sitúa donde el custodio (el Exchange) tenga su sede. Una donación de BTC en un Exchange español se considera situada en España.

2. Wallet de autocustodia: vacío legal. El criterio más probable (siguiendo a la DGT en IP) es la ubicación de la clave privada. Si la clave (el hardware Wallet o el papel con la frase semilla) está en España, el bien está en España.

9.4. El desafío sucesorio-práctico: el acceso al caudal relicto

Este es el problema más grave y el que más afecta al trabajo del abogado. El asesoramiento en la planificación sucesoria de criptoactivos es, a día de hoy, una necesidad profesional.

- El problema: el abogado que gestiona un testamento puede oficiar a bancos (para cuentas) y al registro (para inmuebles). No puede oficiar a la Blockchain.
- Activos en Exchanges: si los activos están en un Exchange centralizado (Coinbase, Kraken, etc.), el proceso es similar al de un banco. Los herederos legítimos pueden presentar el certificado de defunción, el testamento y el cuaderno particional para solicitar el traspaso de los fondos.
- Activos en autocustodia (cold Wallets): este es el escenario catastrófico.
    - Si el causante fallece sin haber dejado un mecanismo de acceso a sus claves privadas (pin del dispositivo y, sobre todo, la frase semilla de 24 palabras), esos activos son técnica y permanentemente irrecuperables.
    - No existe una autoridad central a la que reclamar. Los fondos se pierden para siempre en la Blockchain.

La paradoja fiscal del asesor: el heredero se enfrenta a una situación dramática:

1. Sabe (o el asesor descubre) que el causante poseía 500.000 € en un cold Wallet.
2. Legalmente, esos 500.000 € forman parte del caudal relicto y deben incluirse en la base imponible del ISD.
3. El heredero debe pagar el impuesto correspondiente a esos 500.000 €.
4. Sin embargo, jamás podrá acceder a dichos fondos por no tener las claves.

El rol del asesor se expande: debe advertir activamente a sus clientes en vida sobre la necesidad de crear mecanismos de sucesión (testamentos ológrafos que indiquen la ubicación de las claves, Wallets multifirma, servicios de custodia testamentaria) para evitar este desastre patrimonial.

9.5. La donación y la "plusvalía del donante" (IRPF)

Finalmente, el asesor debe conocer el "coste oculto" de las donaciones de criptoactivos, que afecta al donante.

- Para el donatario (quien recibe): paga impuesto de donaciones.
- Para el donante (quien entrega): paga IRPF.

La DGT (ej. V0803-18) ha confirmado que la donación de un criptoactivo es una transmisión que produce una ganancia o pérdida patrimonial en el IRPF del donante.

- Cálculo: g/pp = valor de mercado (en el momento de la donación) - valor de adquisición.

- El contraste con la sucesión: aquí reside la diferencia clave con la herencia.
    - Donación (inter vivos): el donante sí tributa en IRPF por la plusvalía generada (base del ahorro).
    - Sucesión (mortis causa): se aplica la "plusvalía del muerto" (Art. 33.3.b LIRPF), que establece que no existe ganancia patrimonial para el causante en el IRPF por la transmisión lucrativa debida a su fallecimiento.

Implicación en la planificación: para el asesor, esto es vital. Suele ser fiscalmente mucho más eficiente transmitir criptoactivos con grandes plusvalías latentes vía herencia que vía donación.

Fin del Módulo 9

Hemos cubierto los impuestos que gravan la renta (IRPF, IS) y el patrimonio (IP, ITSGF, ISD). El siguiente bloque lógico es el gran impuesto indirecto: el IVA.

Módulo 10. Impuesto sobre el Valor Añadido (IVA)

El impuesto sobre el valor añadido (IVA), regulado por la Ley 37/1992 (LIVA), grava el consumo de bienes y servicios. Su aplicación a los criptoactivos ha generado dudas significativas, principalmente en torno a una pregunta: ¿es una criptomoneda una "cosa" (bien) o un "medio de pago" (divisa)?

La respuesta a esta pregunta lo cambia todo a efectos del impuesto.

10.1. La sentencia fundamental: TJUE C-264/14 (el Sr. Hedqvist)

Toda la arquitectura del IVA sobre criptoactivos en Europa se basa en esta sentencia del Tribunal de Justicia de la Unión Europea de 22 de octubre de 2015.

- El caso: el Sr. Hedqvist, un ciudadano sueco, pretendía establecer un negocio de compraventa de Bitcoins a cambio de coronas suecas (y viceversa) a través de internet. Solicitó a la Hacienda sueca que confirmara si dichas operaciones estarían sujetas a IVA.
- La cuestión prejudicial: el tribunal sueco elevó la cuestión al TJUE, preguntando si estas operaciones constituían "prestaciones de servicios a título oneroso" y, en caso afirmativo, si estarían exentas.
- El fallo del TJUE (la clave): el tribunal falló en dos partes:

1. Sí están sujetas a IVA: las operaciones de compraventa de criptomonedas a cambio de Fiat son "prestaciones de servicios".

2. Pero están exentas de IVA: el TJUE determinó que, aunque el Bitcoin no es una moneda de curso legal, actúa como un medio de pago directo. Por tanto, las operaciones con él deben incluirse en la exención del artículo 135.1.e) de la directiva del IVA, que cubre las transacciones relativas a "divisas, billetes de banco y monedas que sean medios legales de pago".

El TJUE extendió por analogía la exención de las divisas tradicionales a las criptomonedas que actúan como medios de pago, para evitar que la fricción fiscal del IVA impidiera su uso.

10.2. Aplicación práctica: compraventa y permuta

La DGT ha adoptado plenamente el criterio Hedqvist en sus consultas vinculantes (ej. V0999-15).

Compraventa de criptomonedas (cripto-Fiat)

- Operación: vender BTC a cambio de euros.
- Calificación: prestación de servicios sujeta, pero exenta de IVA (Art. 20.uno.18º.k de la LIVA, que transpone la directiva).
- Consecuencia: ni el comprador ni el vendedor deben repercutir IVA.

Permuta (cripto-cripto)

- Operación: intercambiar BTC por ETH.
- Calificación: la DGT (V0808-18) ha extendido el criterio Hedqvist. Si ambas criptomonedas actúan como medios de pago, el intercambio entre ellas también se beneficia de la misma exención.
- Consecuencia: la permuta cripto-cripto está sujeta, pero exenta de IVA.

Comisiones de Exchange y cajeros (ATMs)

- Operación: los Exchanges y los operadores de cajeros automáticos de criptomonedas cobran una comisión (un spread o fee) por facilitar las operaciones exentas (cripto-Fiat).
- Calificación: la DGT (V0174-21) considera que estas comisiones son la contraprestación de un servicio de mediación financiera. Como el servicio principal (la compraventa) está exento, el servicio de mediación (la comisión) también está exento de IVA.

10.3. Minería de criptomonedas (Proof-of-Work)

Aquí la calificación cambia radicalmente. El minero no está "comprando" ni "vendiendo" divisas. Está prestando un servicio técnico de validación de transacciones para la red Blockchain. ¿Está este servicio de validación sujeto a IVA?

- El criterio de la DGT (V1028-15): aunque la minería es un servicio, carece de un destinatario o cliente identificable. El minero presta un servicio a "la red" de forma descentralizada y anónima.

- Falta de vínculo directo: el IVA exige un vínculo directo entre el servicio prestado y la contraprestación recibida de un cliente específico. En la minería (PoW), la recompensa (nuevos Bitcoins + tasas) la otorga el protocolo de forma automática, no un cliente.
- Calificación: al no existir esta relación directa, la DGT determina que la actividad de minería es una operación no sujeta a IVA.

(Nota del asesor: la diferencia es crucial. "Exento" significa que está sujeto pero no se paga el impuesto, lo que limita la deducibilidad del IVA soportado. "No sujeto" significa que está completamente fuera del ámbito de aplicación del impuesto).

10.4. Tokens no fungibles (NFTs)

Este es el punto más importante y de mayor actualidad para el asesor. El criterio Hedqvist no aplica a los NFTs.

- El motivo: un NFT (como vimos en el Módulo 1) no es un medio de pago. Es un certificado digital de propiedad sobre un activo único (arte, un coleccionable, una entrada).
- La operación: la venta de un NFT no es una transacción financiera; es la entrega de un bien digital o, más comúnmente, una prestación de servicios por vía electrónica.

Criterio de la DGT (V0486-22):

- La DGT ha sido clara: la venta de NFTs (ej. un artista que "mintea" y vende su obra como NFT) es una prestación de servicios electrónicos.

- Calificación: la operación está sujeta y no exenta de IVA.
- Tipo impositivo: debe repercutirse el tipo general del 21% de IVA.

Implicaciones prácticas para el asesor (cliente artista/vendedor):

1. Facturación: el vendedor (el artista, la galería, la plataforma) debe emitir una factura con el 21% de IVA.
2. Devengo: el impuesto se devenga cuando el NFT se pone a disposición del comprador (se transfiere al Wallet).
3. Localización del servicio (regla B2C): este es el punto más complejo. Al ser un servicio electrónico, si el vendedor (profesional español) vende a un particular (B2C):
    - Si el comprador es español: se repercute el 21% de IVA.
    - Si el comprador es de otro país de la UE: se aplica la regla de tributación en destino. El vendedor debe repercutir el IVA del país del comprador (ej. 19% si es alemán, 23% si es irlandés).
    - Ventanilla única (OSS): para evitar registrarse en cada país de la UE, el vendedor debe darse de alta en el régimen de ventanilla única (One-Stop Shop), que le permite liquidar todo el IVA europeo a través de la AEAT.

10.5. Utility Tokens (fichas de utilidad)

- Recordatorio: un Utility Token es una ficha que da derecho a usar un servicio futuro (Módulo 1).
- Calificación: su venta no se considera una operación financiera exenta. Se considera un pago por anticipado de un servicio futuro.
- Consecuencia: la venta de un Utility Token (ej. en una ICO) está, por regla general, sujeta y no exenta de IVA. El tipo impositivo (21% o el que corresponda) se devengará en el momento de la venta o, a más tardar, cuando el servicio subyacente pueda ser efectivamente utilizado.

Fin del Módulo 10

Hemos completado el análisis de los principales impuestos (IRPF, IS, IP, ITSGF, ISD, IVA). El siguiente Módulo aborda una cuestión puramente procedimental, pero vital para el asesor de mineros o traders profesionales: el impuesto sobre actividades económicas (IAE).

Módulo 11. Impuesto sobre Actividades Económicas (IAE)

El impuesto sobre actividades económicas (IAE) es un tributo de carácter local, directo y real, regulado por el Real Decreto Legislativo 2/2004 (Ley de Haciendas Locales). Su hecho imponible es el mero ejercicio, en territorio nacional, de actividades empresariales, profesionales o artísticas.

Para el asesor fiscalista, la importancia del IAE no reside tanto en su pago, sino en su naturaleza censal.

11.1. La importancia censal del IAE

La mayoría de los clientes (personas físicas y sociedades con cifra de negocios < 1.000.000 €) están exentos del pago del IAE. Sin embargo, la exención del pago no exime de la obligación de alta censal.

El alta en el epígrafe de IAE correspondiente (mediante el Modelo 036 o 037) es el acto formal por el cual el contribuyente notifica a la Agencia Tributaria (AEAT) que está iniciando una actividad económica.

Implicación directa para el asesor.

El alta en IAE es el disparador que justifica y obliga a:

- Calificar las rentas como rendimiento de actividad económica (RAE) en el IRPF (base general), como vimos en el Módulo 5.
- Presentar las liquidaciones de IVA correspondientes (Módulo 10).

- Llevar los libros de registro de facturas emitidas, recibidas y bienes de inversión.

Por tanto, identificar si la operativa del cliente requiere alta en IAE es el primer paso de la planificación fiscal de un profesional.

11.2. Clasificación de actividades: la DGT y el vacío legal

El Real Decreto Legislativo 1175/1990, que aprueba las tarifas del IAE, no previó, lógicamente, la existencia de actividades como la "minería de criptomonedas".

Ante este vacío, la clasificación debe hacerse por analogía, buscando el epígrafe que más se asemeje a la naturaleza de la actividad. La Dirección General de Tributos (DGT) ha sido la encargada de fijar el criterio.

11.3. Minería de criptomonedas (POW)

- ¿Es una actividad económica? Sí. Como vimos en el Módulo 5, la DGT (V3625-17) confirmó que la minería cumple todos los requisitos del Art. 27.1 LIRPF: ordenación de medios de producción (hardware) y recursos humanos (el minero) para intervenir en la producción de servicios (validación).
- Obligación de alta: sí, requiere alta en IAE.
- Epígrafe aplicable (según DGT V3625-17):
    - Epígrafe 831.9 de la sección primera: "otros servicios financieros n.c.o.p."

- Análisis del asesor: aunque es un epígrafe "cajón de sastre" y la minería no es un servicio "financiero" per se, es la clasificación oficial de la DGT. Darse de alta en este epígrafe blinda al contribuyente y justifica el tratamiento de rae en IRPF y la no sujeción a IVA (Módulo 10).

11.4. Trading profesional (compraventa habitual)

Este es el gran punto de fricción.

- ¿Es una actividad económica? Depende. Como se analizó en el Módulo 5, la DGT considera por defecto el trading de un particular como gestión de patrimonio propio, generando ganancias y pérdidas patrimoniales (g/pp en la base del ahorro).
- ¿Cuándo sí es actividad económica? Cuando el contribuyente ordena medios de producción (ej. un local afecto, empleados contratados).
- Epígrafe aplicable (si se considera actividad económica): si el trading es tan intenso y organizado que se considera profesional, debe darse de alta. La DGT no ha sido tan explícita, pero por analogía con la minería y la naturaleza del activo, el epígrafe más defendible sería el mismo:
    - Epígrafe 831.9 de la sección primera: "otros servicios financieros n.c.o.p."
- Consecuencias del alta: si el trader se da de alta en este epígrafe, sus beneficios pasarían a tributar como RAE en la base general del IRPF (tipos más altos).

11.5. Venta de NFTs (artistas y creadores)

Esta es una actualización crucial. La venta habitual de NFTs por parte de artistas, diseñadores o programadores.

- ¿Es una actividad económica? Sí. Es una prestación de servicios (arte digital, creación de coleccionables) o entrega de bienes.
- Obligación de alta: sí, requiere alta en IAE.
- Epígrafe aplicable (según DGT V0486-22): la DGT ha analizado la venta de NFTs y la ha clasificado, según la naturaleza del servicio:
    - Epígrafe 843.9 de la sección segunda: "otros servicios técnicos n.c.o.p." (para la creación y diseño del arte o código del NFT).
    - O bien, los epígrafes de actividades artísticas (grupo 861 para pintores, 863 para escultores) si el artista ya estaba dado de alta por su actividad tradicional.
- Consecuencias del alta: justifica el tratamiento de RAE en IRPF y, fundamentalmente, la obligación de repercutir el 21% de IVA (Módulo 10).

11.6. Actividades excluidas del IAE

Estarían excluidas del IAE:

1. HODLing (inversión pasiva):
    - La mera tenencia de criptoactivos (comprar y mantener) no es una actividad económica. Es gestión de patrimonio personal.

    - No requiere alta en IAE.
    - (tributa por g/pp en IRPF cuando se vende, y por IP/ITSGF por la tenencia).
2. Staking (prueba de participación - POS):
    - La DGT (V0470-21) calificó las recompensas de Staking como rendimiento de capital mobiliario (RCM) en IRPF (Módulo 5).
    - Al no ser RAE, el Staking no es una actividad económica.
    - No requiere alta en IAE.

Fin del Módulo 11

Hemos completado toda la parte II de análisis fiscal, impuesto por impuesto.

Ahora estamos listos para entrar en la parte III: obligaciones formales y práctica profesional. Este es el "cómo" y el "cuándo" de la asesoría. Empezaremos con el Módulo más crítico y novedoso: las declaraciones informativas, con el Modelo 721 como protagonista.

Parte III: OBLIGACIONES FORMALES Y PRÁCTICA PROFESIONAL

Módulo 12. Obligaciones Formales de Información

Hemos analizado qué impuestos se pagan. Ahora analizamos cómo la administración lo sabe. La era de la opacidad fiscal en los criptoactivos ha terminado. La Agencia Tributaria (AEAT) ha desplegado un sistema de control de tres pilares (un tridente a modo de "gran hermano") que le proporciona una visión casi completa de la operativa de los contribuyentes.

Para el asesor, conocer este sistema es tan importante como conocer la ley del IRPF, ya que le permite advertir al cliente del riesgo real e inminente de una inspección.

12.1. El tridente de control: 721, 172 y 173

La Ley 11/2021 (ley de lucha contra el fraude fiscal) introdujo tres nuevas obligaciones informativas que operan de forma coordinada:

1. Modelo 721: el contribuyente informa sobre sus tenencias en el extranjero.
2. Modelo 172: los Exchanges españoles informan sobre los saldos de sus clientes.
3. Modelo 173: los Exchanges españoles informan sobre las operaciones de sus clientes.

12.2. Modelo 721: declaración sobre monedas virtuales situadas en el extranjero

Este modelo es el análogo al Modelo 720 (bienes y derechos en el extranjero) y es la obligación que más dudas ha generado.

- ¿Qué es? Una declaración meramente informativa (no se paga) que los residentes fiscales en España deben presentar.
- ¿Qué se declara? Los saldos de monedas virtuales situadas en el extranjero a 31 de Diciembre.
- ¿Cuándo se presenta? Entre el 1 de enero y el 31 de Marzo (actualización: el primer año, 2024, se extendió hasta el 1 de Abril).

Las claves: ¿quién sí y quién no está obligado?

La obligación de presentar el Modelo 721 se define por dos factores: el límite cuantitativo y, sobre todo, el tipo de custodia.

A. Límite cuantitativo:

- La obligación de declarar nace cuando el valor total de los criptoactivos en el extranjero supera los 50.000 euros a 31 de Diciembre.
- Declaraciones sucesivas: una vez presentado, no es obligatorio volver a presentarlo en años siguientes, salvo que el saldo conjunto aumente en más de 20.000 euros respecto a la última declaración, o se cancele la tenencia.

B. El concepto clave: ¡la custodia!

Aquí reside la gran distinción legal y el principal consejo para el asesor. La ley (desarrollada en el RD 249/2023) obliga a declarar sólo los activos sobre los cuales el contribuyente "carece del control de las claves criptográficas privadas". Esto significa, en la práctica:

- Sí se declaran (obligación):
    - Fondos en Exchanges extranjeros (Coinbase, Binance, Kraken, bitstamp, etc.).
    - Fondos en plataformas de Lending o Staking extranjeras (Nexo, etc.).
    - En resumen: cualquier plataforma donde el usuario accede con un email y contraseña, y no posee su clave privada.
- No se declaran (exclusión):
    - Wallets de autocustodia (cold Wallets): dispositivos físicos como Ledger o Trezor.
    - Wallets de autocustodia (hot Wallets): aplicaciones de software como Metamask, trust Wallet, o Electrum.
    - En resumen: cualquier Wallet donde el contribuyente es el único dueño y custodio de su clave privada o frase semilla, independientemente del saldo que contenga.

Así, un cliente puede tener 3 millones de euros en un Ledger y no estar obligado a presentar el Modelo 721. Otro cliente con 60.000 euros repartidos entre Binance y Coinbase sí está obligado.

12.3. Modelos 172 y 173: el control nacional

Estos modelos son la otra cara de la moneda. Son las declaraciones informativas que deben presentar los proveedores de servicios de criptoactivos (CASPs) con sede en España (es decir, los inscritos en el registro del banco de España / CNMV, como Bit2me, Bitvavo, etc.).

Modelo 172: declaración informativa sobre saldos

- Qué informa el Exchange: los saldos a 31 de diciembre de cada uno de sus clientes (identificados con NIF).
- Utilidad para la AEAT: permite a Hacienda conocer el patrimonio en criptoactivos de los contribuyentes en territorio nacional. Se usa para contrastar las declaraciones del Impuesto sobre el Patrimonio (IP) y del ITSGF.

Modelo 173: declaración informativa sobre operaciones

- Este es el modelo más peligroso para el contribuyente.
- Qué informa el Exchange: informa de todas las operaciones realizadas por el cliente durante el año: adquisiciones, transmisiones, permutas (cripto-cripto), cobros y pagos.
- Utilidad para la AEAT: el "cruce de datos"
    - Este es el "chivatazo" definitivo.
    - La AEAT recibe el listado de todas las permutas (operaciones cripto-cripto) que el cliente realizó.

- Recordemos (Módulo 5) que cada permuta genera una ganancia o pérdida patrimonial en IRPF.
- Escenario de inspección: la AEAT cruzará el Modelo 173 (que lista 500 permutas de un cliente) con la declaración de IRPF de ese cliente. Si el cliente no ha declarado esas 500 g/pp (porque creía que "mientras no lo paso a euro no pago"), recibirá automáticamente una propuesta de liquidación (una "paralela").

12.4. El futuro del control: DAC8 y CARF

Si el tridente 721/172/173 cierra el cerco a nivel nacional y de declaración propia, DAC8 lo cierra a nivel europeo.

- CARF (OCDE): es el estándar global (Módulo 2) para el intercambio automático de información fiscal sobre criptoactivos.
- DAC8 (directiva europea): es la implementación de CARF en la Unión Europea.
- Actualización clave (fechas): DAC8 fue adoptada a finales de 2023. Entrará en vigor el **1 de enero de 2026**.
- ¿Qué significa? A partir de 2026, todos los proveedores de servicios (CASPs) de la UE (ej. un Exchange de Lituania, Malta, Estonia o Irlanda) estarán obligados a recopilar la información fiscal de sus clientes (incluidos los españoles).
- En 2027, la AEAT recibirá automáticamente la información (saldos y operaciones) de los contribuyentes españoles que operan en cualquier Exchange de la UE.

Conclusión del asesor: si un cliente piensa que puede evitar el control usando un Exchange europeo no español (para no ser reportado por el 173) y no declarando el 721 (evasión), esta estrategia tiene fecha de caducidad: 1 de enero de 2026.

12.5. Régimen sancionador específico

Es fundamental entender que el régimen sancionador aplicable a estas nuevas obligaciones informativas ha sufrido un cambio capital.

Inicialmente, la Ley 11/2021 preveía un régimen específico para el Modelo 721, análogo al del Modelo 720, con sanciones extremadamente severas (multas fijas de 5.000 euros por dato omitido, con un mínimo de 10.000 euros).

Sin embargo, la Sentencia del Tribunal de Justicia de la Unión Europea (TJUE) del 27 de enero de 2022 (Caso C-788/19) declaró nulo el régimen sancionador del Modelo 720 por considerarlo desproporcionado y contrario al Derecho de la UE.

Como consecuencia directa, España promulgó la Ley 5/2022, que modificó la Ley General Tributaria (LGT) y suprimió este régimen sancionador específico.

A día de hoy, el incumplimiento del Modelo 721 se sanciona bajo el régimen general de infracciones tributarias por no presentar en plazo declaraciones informativas, regulado en los artículos 198 y 199 de la Ley General Tributaria (LGT).

Este régimen es significativamente menos oneroso. A modo de resumen, las sanciones principales son:

1. Por presentar el Modelo 721 fuera de plazo (Art. 198 LGT):

   Si se presenta sin requerimiento previo de la AEAT: La sanción es una multa pecuniaria fija de 10 € por cada dato o conjunto de datos, con un mínimo de 150 € y un máximo de 10.000 €.

   Si se presenta tras un requerimiento de la AEAT: La sanción es de 20 € por cada dato o conjunto de datos, con un mínimo de 300 € y un máximo de 20.000 €.

2. Por presentar el Modelo 721 con datos incompletos, inexactos o falsos (Art. 199 LGT):

   La sanción es una multa pecuniaria fija de 200 € por cada dato o conjunto de datos omitido o incorrecto.

3. Sanciones para los Modelos 172 y 173:

   Estas sanciones recaen sobre el proveedor de servicios (el Exchange español), no sobre el contribuyente. Al no tener un régimen específico, se les aplica igualmente este régimen general sancionador de los artículos 198 y 199 de la LGT.

La diferencia clave es que se ha pasado de un régimen confiscatorio a un régimen de multas fijas, topadas y proporcionadas, eliminando el riesgo desmedido anterior.

Fin del Módulo 12

Hemos establecido el marco de control total de la AEAT. El cliente ya no puede "esconderse". El siguiente módulo analizará los aspectos legales que complementan esto, como los Smart Contracts y el Módulo 14 proporcionará al asesor las herramientas prácticas para gestionar este diluvio de datos.

Módulo 13. Aspectos Legales y Contractuales Clave

Tras analizar la fiscalidad (parte II) y las obligaciones informativas (Módulo 12), debemos adentrarnos en las implicaciones puramente legales que los criptoactivos y la tecnología Blockchain plantean a la práctica jurídica.

El asesor no sólo liquida impuestos; también previene litigios, redacta contratos y asesora sobre la validez de las operaciones. En este nuevo ecosistema, los paradigmas tradicionales del derecho se ven desafiados.

13.1. Smart Contracts (contratos inteligentes)

El término "contrato inteligente" es, quizás, el más importante y a la vez el más engañoso de la industria. Para un jurista, es vital desmitificarlo y entender su verdadera naturaleza legal.

¿Qué son realmente?

Un Smart Contract no es un "contrato" en el sentido tradicional. Es un programa informático (software) que se ejecuta en una Blockchain.

Su característica principal es que es autoejecutable e inmutable. Se programa para seguir la lógica "if-then" ("si ocurre a, entonces ejecuta b").

- Ejemplo: un Smart Contract de un Exchange descentralizado (DEX) está programado para que si recibe 1 ETH de la cartera x, entonces debe enviar 3.000 Tokens a la cartera x. No hay un intermediario que apruebe la operación; el código la ejecuta automáticamente.

El debate legal: ¿son "contratos" válidos?

La gran pregunta para el abogado es: ¿un Smart Contract cumple los requisitos de validez de un contrato según nuestro artículo 1261 del Código Civil?

1. Consentimiento de los contratantes: sí.
   - Al interactuar con un Smart Contract (por ejemplo, al pulsar "confirmar" en una Wallet Metamask), el usuario está prestando su consentimiento a los términos programados en el código. Es la máxima expresión de un consentimiento por click-wrap.
2. Objeto cierto que sea materia del contrato: sí.
   - El objeto es claro: el intercambio de Tokens específico, la creación de un NFT, el depósito en un pool de Lending, etc.
3. Causa de la obligación que se establezca: sí.
   - La causa es onerosa: el intercambio de prestaciones (Token a por Token b).

Conclusión: un Smart Contract sí puede ser un contrato legalmente vinculante entre las partes que interactúan con él, aunque estas sean anónimas.

Problemas jurídicos del "code is law" ("el código es ley")

El principal problema para el abogado es la rigidez del Smart Contract.

- Rigidez e inmutabilidad: si un contrato tradicional contiene una cláusula abusiva o un error, una parte puede pedir a un juez su nulidad o modificación (rebus sic stantibus). Si un Smart Contract tiene un error de programación (bug) o es económicamente abusivo, no se puede modificar una vez desplegado en la Blockchain. Se ejecutará tal y como está escrito.
- El problema del oráculo: los Smart Contracts no pueden acceder a datos del mundo real (ej. El precio del petróleo, el resultado de un partido de fútbol, la temperatura). Necesitan un "oráculo" (un servicio externo) que les inyecte esos datos.
    - Riesgo legal: ¿qué pasa si el oráculo falla o es manipulado? El contrato se ejecutará incorrectamente. Esto crea un nuevo y complejo nexo de responsabilidad contractual contra el proveedor del oráculo.

13.2. Resolución de disputas en el espacio cripto

¿Qué ocurre cuando una operación falla? ¿a quién y dónde demanda el cliente?

Escenario 1: disputas en plataformas centralizadas (CEX)

- La vía tradicional: si el cliente tiene un problema con un Exchange (Coinbase, Kraken, etc.), la relación legal es clara. El Exchange es una empresa identificada (persona jurídica).
- Contrato de adhesión: la relación se rige por los *términos de servicio* (ToS) que el cliente aceptó al registrarse.

- Rol del abogado: el trabajo del abogado es el tradicional:
    1. Leer los ToS.
    2. Identificar la cláusula de jurisdicción y ley aplicable (normalmente será un arbitraje internacional en Irlanda, Delaware o Singapur).
    3. Iniciar el procedimiento de reclamación o arbitraje estipulado.

Escenario 2: disputas descentralizadas (DeFi, DEX, Scams)

- El desafío procesal: este es el verdadero reto para el jurista.
- El problema del pseudonimato: si un cliente sufre una estafa (Rug Pull) en un protocolo DeFi, el estafador es sólo una dirección de Wallet (0x...). No hay NIF, ni nombre, ni domicilio.
- El problema de la jurisdicción: ¿qué tribunal es competente? si un residente en Badajoz (España) interactúa con un Smart Contract alojado en servidores de Amazon en Virginia (EEUU), creado por un programador anónimo en Estonia, ¿dónde se presenta la demanda?
- Soluciones emergentes: están surgiendo plataformas de arbitraje on-chain (ej. Kleros) que intentan resolver disputas de forma nativa digital, pero su laudo (decisión) es difícilmente ejecutable en el mundo real (jurisdicción ordinaria).

13.3. La ejecución forzosa: el embargo de criptoactivos

Esta es la actualización más relevante para la práctica profesional y la que confirma la seriedad del control administrativo.

- El desafío histórico: la dependencia del intermediario. Hasta ahora, el procedimiento de embargo era lineal: la Administración o el juez emitían órdenes a terceros custodios, ya fueran bancos para bloquear cuentas corrientes o Registros para trabar activos inmobiliarios.

  Pero, ¿cómo se embarga un cold Wallet (Ledger, Trezor)? La respuesta es: no se puede. Si el deudor tiene sus criptoactivos en autocustodia y niega el acceso a la clave privada, el activo es inembargable en la práctica.

- La solución normativa: el embargo a terceros (Ley 11/2021) la administración ha optado por la única vía viable: atacar los "cuellos de botella", es decir, los intermediarios (custodios). La Ley 11/2021, de 9 de julio, de medidas de prevención y lucha contra el fraude fiscal (la misma que creó los modelos informativos) modificó la Ley General Tributaria (LGT) para otorgar a la AEAT la potestad de embargar criptoactivos.

- El procedimiento de embargo (cómo funciona):

  1. Detección: la AEAT detecta una deuda de un contribuyente (ej. 50.000 €).

  2. Información: gracias a los Modelos 172 y 173, la AEAT sabe que ese contribuyente tiene 80.000 € en BTC y ETH en un Exchange registrado en España (un CASP).

3. Diligencia de embargo: la AEAT emite una orden de embargo telemática directamente al Exchange (como si fuera un banco).

4. Obligación legal del Exchange: el Exchange está legalmente obligado a acatar la orden. Debe bloquear los criptoactivos del deudor.

5. Ejecución: la norma obliga al Exchange a liquidar (vender a euros) los criptoactivos necesarios para cubrir la deuda (los 50.000 € más recargos) y a ingresarlo en la cuenta de la AEAT.

Conclusión para el asesor: el asesor debe informar a su cliente de que cualquier activo mantenido en un proveedor de servicios de custodia (sea español o, en el futuro, europeo bajo DAC8) es totalmente embargable por la Hacienda pública, con la misma facilidad que una cuenta bancaria.

Fin del Módulo 13

Este Módulo cierra el círculo legal. El asesor ya comprende la fiscalidad, las obligaciones informativas y, ahora, las implicaciones contractuales y procesales. El siguiente módulo será puramente práctico: las herramientas y procesos del día a día del despacho.

Módulo 14. Procedimientos y Herramientas para el Asesor

Tras 13 módulos analizando el qué (tecnología), el dónde (regulación) y el cuánto (fiscalidad), este módulo se centra en el cómo. Es la caja de herramientas práctica del asesor fiscal y legal.

La gestión de criptoactivos introduce un desafío sin precedentes en la asesoría: el volumen masivo de datos. Un cliente que opere con bots de trading puede generar miles de hechos imponibles en un año, algo impensable en la gestión de carteras de acciones tradicional. La gestión manual es, simple y llanamente, imposible.

14.1. El desafío central: el diluvio de datos y el FIFO

El principal problema del asesor es calcular la base imponible de las ganancias y pérdidas patrimoniales (Módulo 5). Esto requiere:

1. Obtener el historial completo de todas las transacciones del cliente.
2. Aplicar el método FIFO (First-In, First-Out) de forma estricta.
3. Hacerlo para cada criptoactivo de forma independiente (un FIFO para BTC, otro para ETH...).
4. Hacerlo de forma global, consolidando la operativa de todos los Exchanges y Wallets del cliente.

El escenario de pesadilla: un cliente ha usado Coinbase (api), Binance (api), un Exchange que cerró (csv), un Ledger (clave pública) y Metamask (clave pública). Mover 1 ETH de Coinbase al Ledger no es una venta, pero moverlo a Metamask para permutarlo por un Token-x en un DEX sí lo es.

La conciliación de estos datos es el nuevo núcleo del trabajo del asesor.

14.2. Registro y control: el software fiscal especializado

La única solución profesional a este problema es el uso de software de seguimiento fiscal de criptoactivos (conocidos en el sector como crypto tax trackers).

El asesor debe exigir a su cliente el uso de una de estas plataformas (ej. Cointracking, Koinly, Atani, Cointracker, etc.).

¿Cómo funcionan estas herramientas?

El asesor (o su cliente) debe conectar todas las fuentes de datos a este software:

- Conexión vía api (solo lectura): se conecta a los Exchanges del cliente (Coinbase, Kraken, Binance...) Y descarga automáticamente el historial de trades.
- Importación de csv: para Exchanges antiguos o que no disponen de api.
- Sincronización de Wallets (Blockchain): se introduce la clave pública (¡nunca la privada!) De los Wallets de autocustodia (Ledger, Trezor, Metamask). El software lee la Blockchain pública y rastrea todas las transacciones de entrada y salida.

¿Qué genera el software? (los entregables del asesor)

Una vez conciliados todos los datos (el paso más difícil), el software genera los informes que el asesor necesita para trabajar:

1. Informe de ganancias y pérdidas patrimoniales: el informe clave. Es el listado completo de todas las transmisiones (cripto-Fiat y cripto-cripto), aplicando el método FIFO, con la g/pp calculada en euros. Este es el dato que irá a la declaración de IRPF.
2. Informe de ingresos: un listado de todos los RCM (recompensas de Staking, Lending) y RAE (minería, airdrops), valorados en euros a fecha de percepción.
3. Informe de patrimonio: el "balance de situación" del cliente. Un listado de todas las tenencias de criptoactivos valoradas a 31 de Diciembre, listo para volcar en el Impuesto sobre el Patrimonio (Módulo 7) y el ITSGF (Módulo 8).
4. Informe de alertas: el software suele avisar de "transacciones perdidas" (ej. "has vendido 1 ETH que el sistema no sabe de dónde ha salido"), lo que permite al asesor depurar los datos con el cliente.

El nuevo rol del asesor: supervisor de datos.

El software no es mágico. "Basura entra, basura sale" (garbage in, garbage out), esto es, la calidad del resultado depende exclusivamente de la calidad de los datos introducidos. El rol del asesor ya no es picar datos, sino auditar la conciliación. Debe asegurarse de que todas las operaciones del cliente están reflejadas antes de validar el informe FIFO.

14.3. Guía paso a paso: cómo y cuándo declarar (Checklist)

Para una correcta planificación de la campaña de renta, el asesor debe seguir este flujo de trabajo:

1. Enero-Febrero: recopilación de datos
    - Entrevista con el cliente para obtener la lista completa de Exchanges y Wallets usados.
    - Creación de la cuenta en el software fiscal y conexión de todas las apis y claves públicas.
    - Depuración de errores y conciliación de datos.
2. Marzo (¡crítico!): presentación del Modelo 721
    - Usando el informe de patrimonio a 31/12, comprobar los saldos en Exchanges extranjeros.
    - Si supera los 50.000 € (o el incremento de 20.000 €), presentar el Modelo 721 antes del 31 de Marzo.
3. Abril-Junio: liquidación de impuestos
    - Modelo 100 (IRPF):
        - Obtener el total del "informe de ganancias y pérdidas patrimoniales" (FIFO) e imputarlo en la sección de g/pp (base del ahorro).
        - Obtener el total del "informe de ingresos" de Staking/Lending e imputarlo como RCM (base del ahorro).
        - Imputar ingresos de airdrops (base general) o minería (RAE).

- Modelo 714 (Impuesto sobre el Patrimonio):
  - Obtener el "informe de patrimonio a 31/12".
  - Consolidar los saldos y declararlos.
- Modelo 718 (ITSGF): si el patrimonio neto supera los 3 millones.
- (En paralelo) Modelos 036/037 y 303: si el cliente es minero o vendedor de NFTs, gestionar sus obligaciones de IAE e IVA trimestrales/anuales.

14.4. Preparación para auditorías y comprobaciones

Los Modelos 172 y 173 (Módulo 12) significan que la AEAT recibirá datos parciales de la operativa del cliente (sólo de Exchanges españoles). Es muy probable que estos datos no coincidan con la declaración del cliente (que aplica un FIFO global).

- La petición de la AEAT: tarde o temprano, la AEAT enviará una propuesta de liquidación o un requerimiento de información.
- La defensa del asesor: la única defensa válida es la trazabilidad. El asesor deberá presentar el informe FIFO completo generado por el software fiscal.
- Este informe es la prueba pericial que demuestra, moneda por moneda, cómo se ha calculado la ganancia patrimonial declarada, justificando la aplicación del FIFO global desde la adquisición original hasta la transmisión final.

14.5. Herramientas de análisis forense de Blockchain

Para el asesor legal, existen herramientas más avanzadas que el simple software fiscal. Estas son las herramientas de compliance y análisis forense (Blockchain explorers avanzados como Chainalysis, Elliptic, TRM Labs).

Estas herramientas no sólo rastrean el valor, sino también el origen y el destino de los fondos.

Usos prácticos para el despacho:

1. Diligencia debida (AML - Módulo 4):
    - Un cliente quiere comprar un inmueble y pagar la entrada con 100.000 € provenientes de cripto.
    - El abogado (sujeto obligado por Ley 10/2010) no puede aceptar los fondos sin más.
    - Utilizando una de estas herramientas sobre la dirección Wallet del cliente, puede "puntuar" el riesgo de esos fondos. La herramienta le dirá si esos fondos tienen conexión con actividades ilícitas (darknet, mixers, scams). Es la Due Diligence moderna.
2. Litigios (herencias y divorcios):
    - En un proceso de divorcio (régimen de gananciales) o una herencia, el abogado sospecha que la otra parte oculta patrimonio en criptoactivos.

- Si el abogado consigue identificar una sola dirección Wallet de la otra parte, puede usar estas herramientas para "seguir el dinero" (on-chain).
- Se puede descubrir un patrimonio oculto en otras Wallets o su envío a Exchanges, aportando pruebas fundamentales al litigio.

Fin del Módulo 14

Con las herramientas y procesos definidos, solo nos queda un módulo para cerrar el libro: los casos prácticos, donde aplicaremos todo lo aprendido a escenarios reales y concretos que enfrentará el asesor.

Módulo 15. Casos Prácticos y Ejemplos

En este módulo final, consolidaremos el conocimiento adquirido mediante el análisis de varios escenarios que simulan la operativa habitual de los clientes.

Caso práctico 1: el desafío del FIFO (ganancias y pérdidas patrimoniales en IRPF)

Escenario: un cliente, "David", ha realizado las siguientes operaciones en 2024. David es un inversor activo y utiliza múltiples Exchanges.

1. 10 de Enero: compra 2 ETH a 1.500 €/u en Coinbase. (coste total: 3.000 €).
2. 5 de Marzo: compra 1 ETH a 2.000 €/u en Kraken. (coste total: 2.000 €).
3. 20 de Junio: vende 1,5 ETH a 3.000 €/u en Coinbase. (ingreso total: 4.500 €).
4. 15 de Septiembre: permuta 1 ETH por 30.000 Tokens-x en Binance. El valor de 1 ETH en ese momento es de 2.800 €.

El trabajo del asesor (liquidación IRPF): el asesor debe aplicar el método FIFO (Módulo 5) de forma global, moneda por moneda.

Análisis de la venta (20 de Junio):

- Operación: venta de 1,5 ETH.
- Valor de transmisión: 4.500 €.

- Valor de adquisición (FIFO): david debe usar los primeros ETH que compró. Los 1,5 ETH vendidos provienen íntegramente de la compra 1 (10 de Enero).
    - Coste: 1,5 ETH * 1.500 €/u = 2.250 €.
- Ganancia patrimonial (base del ahorro): 4.500 € - 2.250 € = +2.250 €.

Análisis de la permuta (15 de Septiembre):

- Operación: permuta de 1 ETH. (recordatorio: es un hecho imponible, Módulo 5).
- Valor de transmisión: el valor de mercado de lo recibido (o lo entregado), es decir, 2.800 €.
- Valor de adquisición (FIFO): david ya consumió 1,5 ETH de la compra 1. Le quedan 0,5 ETH.
    - Debe tomar los 0,5 ETH restantes de la compra 1 (10 de enero) -> 0,5 ETH * 1.500 €/u = 750 €.
    - Debe tomar 0,5 ETH de la compra 2 (5 de marzo) -> 0,5 ETH * 2.000 €/u = 1.000 €.
    - Coste total FIFO: 750 € + 1.000 € = 1.750 €.
- Ganancia patrimonial (base del ahorro): 2.800 € - 1.750 € = +1.050 €.

Total IRPF 2024 (g/pp): 2.250 € + 1.050 € = 3.300 €.

Activos pendientes (inventario FIFO para 2025):

- A David le quedan: 0,5 ETH de la compra 2 (con coste 2.000 €/u).
- Y tiene 30.000 Tokens-x (con coste de adquisición de 2.800 €, el valor por el que tributó la permuta).

Caso práctico 2: el inversor pasivo (Staking y venta posterior)

Escenario: una clienta, "Sara" sólo hace Staking de Ethereum (ETH).

1. 15 de Julio: recibe 0,5 ETH como recompensa de Staking. El valor de mercado del ETH ese día es de 2.500 €/u.
2. 10 de Diciembre: decide vender esos 0,5 ETH. El precio de venta es de 3.000 €/u.

Liquidación de IRPF: dos hechos imponibles distintos.

Evento 1: recepción del Staking (15 de Julio)

- Calificación (Módulo 5): rendimiento de capital mobiliario (RCM).
- Base imponible ahorro: 0,5 ETH * 2.500 €/u = 1.250 €.
- Importante: estos 1.250 € se convierten en el valor de adquisición de esos 0,5 ETH.

Evento 2: venta del ETH (10 de Diciembre)

- Calificación: ganancia patrimonial (g/pp).
- Valor de transmisión: 0,5 ETH * 3.000 €/u = 1.500 €.
- Valor de adquisición: 1.250 € (el valor que ya tributó como RCM).
- Ganancia patrimonial (base del ahorro): 1.500 € - 1.250 € = +250 €.

Total IRPF 2024: 1.250 € (RCM) + 250 € (g/pp) = 1.500 € (todo en la base del ahorro).

Caso práctico 3: estudio completo (IRPF, patrimonio y Modelo 721)

Escenario: un cliente, "Javier", tiene un patrimonio diversificado a 31/12/2024. Durante el año ha realizado ventas (cuyo cálculo FIFO ya ha realizado el software fiscal del Módulo 14).

Portfolio a 31/12/2024:

1. Coinbase (Exchange extranjero): 2 BTC (valor 31/12: 40.000 €/u) = 80.000 €.
2. Ledger (cold Wallet autocustodia): 10 ETH (valor 31/12: 3.000 €/u) = 30.000 €.
3. Bit2me (Exchange español): 10.000 ADA (valor 31/12: 0,5 €/u) = 5.000 €.
4. Resto de patrimonio (inmuebles, fondos, etc., neto de deudas): 650.000 €.

El trabajo del asesor (Checklist de cumplimiento):

1. Declaración IRPF (Modelo 100):

- El asesor incluirá las g/pp calculadas por el software (como en el caso 1) y los RCM (como en el caso 2).

2. Impuesto sobre el Patrimonio (IP) (Modelo 714):

- Pregunta: ¿está obligado a declarar?
- Cálculo patrimonio neto: 80.000 (Coinbase) + 30.000 (Ledger) + 5.000 (Bit2me) + 650.000 (resto) = 765.000 €.

- Respuesta: sí. Su patrimonio neto supera el mínimo exento estatal de 700.000 € (Módulo 7).
- Valor a declarar (cripto): debe declarar el valor de mercado de todas sus tenencias: 80.000 + 30.000 + 5.000 = 115.000 €.

3. Impuesto grandes fortunas (ITSGF) (Modelo 718):

- Pregunta: ¿está obligado?
- Cálculo patrimonio neto: 765.000 €.
- Respuesta: no. Su patrimonio no supera el mínimo exento de 3.000.000 € (Módulo 8).

4. Modelo 721 (informativa extranjero):

- Pregunta: ¿está obligado a declarar?
- Análisis (Módulo 12): el asesor sólo debe sumar los saldos en custodios extranjeros.
    - Coinbase (extranjero): 80.000 €.
    - Ledger (autocustodia): no computa para el límite (no se declara).
    - Bit2me (español): no computa para el límite (no se declara).
- Saldo en custodios extranjeros: 80.000 €.
- Respuesta: sí. El saldo (80.000 €) supera el límite de 50.000 €. Javier debe presentar el Modelo 721 declarando el saldo de BTC en Coinbase.

Caso práctico 4: el profesional (artista de NFTs)

Escenario: "Lucía", diseñadora gráfica residente en España, crea una colección de arte digital y vende 100 NFTs a 1 ETH cada uno. La venta la realiza a particulares de todo el mundo.

El trabajo del asesor (checklist de alta):

1. IAE (Módulo 11):

- Debe darse de alta en IAE. Al ser una creadora digital, el epígrafe más adecuado es el 843.9 ("otros servicios técnicos n.c.o.p.") o el relativo a su profesión artística.

2. IVA (Módulo 10):

- Calificación: la venta de NFTs es una prestación de servicios por vía electrónica (sujeta y no exenta de iva).
- Obligación: debe repercutir IVA al tipo general (21%).
- Problemática: al vender a particulares de la UE, debe aplicar la tributación en destino (repercutir el IVA del país del comprador).
- Solución: para evitar registrarse en cada país, el asesor debe darla de alta en el régimen de ventanilla única (OSS), para liquidar todo el IVA europeo a través de la AEAT (Modelo 369).

3. IRPF (Módulo 100):

- Calificación: los ingresos (el valor en euros de los ETH recibidos en el momento de la venta) no son ganancias patrimoniales. Son rendimientos de actividad económica.

- Obligación: deberá tributar por ellos en la base imponible general, pudiendo deducir los gastos asociados (comisiones de la plataforma NFT, software, amortización de equipos, etc.).

Glosario de términos

A

- **Airdrop**: distribución gratuita y masiva de Tokens o criptomonedas a un conjunto de direcciones de Wallet, generalmente como estrategia de marketing o para recompensar a los usuarios de una red. Implicación fiscal (IRPF): su recepción se considera una ganancia patrimonial que no deriva de transmisión, integrándose en la base imponible general por su valor de mercado en el momento de la adquisición (DGT V0440-22).
- **Api (Application Programming Interface - Interfaz de Programación de Aplicaciones)**: conjunto de reglas y protocolos que permite a diferentes aplicaciones de software comunicarse entre sí. En el ámbito fiscal, se utiliza para conectar los Exchanges de un cliente con un software fiscal (Módulo 14), permitiendo la descarga automática del historial de transacciones.
- **Aml (Anti-Money Laundering - Prevención de Blanqueo de Capitales)**: conjunto de leyes y regulaciones (en España, Ley 10/2010) destinadas a prevenir el blanqueo de capitales y la financiación del terrorismo. Los proveedores de servicios de criptoactivos (CASPs) son sujetos obligados bajo esta normativa (Módulo 4).
- **Autocustodia**: ver "Wallet (monedero)".

B

- **Banco de España (BdE):** autoridad supervisora que, en la primera fase regulatoria en España (RDL 7/2021), gestionaba el registro obligatorio de proveedores de servicios de cambio de moneda virtual y custodia de monederos. Este registro era una exigencia de AML, no una licencia financiera. Con la llegada de MiCA, la supervisión principal se traslada a la CNMV (Módulo 2).

- **Blockchain** (**cadena de bloques**): un libro de contabilidad digital (libro mayor) que registra transacciones de forma distribuida, descentralizada e inmutable. La información se agrupa en "bloques" que se enlazan criptográficamente al anterior, creando una cadena de datos fehaciente, auditable y resistente a la modificación (Módulo 1).

C

- **CARF** (**Crypto-Asset Reporting Framework - Marco de Presentación de Informes de Criptoactivos**): estándar global desarrollado por la OCDE para el intercambio automático de información (AEOI) fiscal sobre criptoactivos entre jurisdicciones. Es el análogo al CRS (Common Reporting Standard) bancario. Su implementación en la UE se realiza a través de la directiva DAC8 (Módulo 12).

- **CASP** (**Crypto-Asset Service Provider - Proveedor de Servicios de Criptoactivos**): término legal introducido por el Reglamento MiCA para definir a cualquier entidad que preste servicios de criptoactivos de forma profesional (ej. Exchanges, custodios, asesores de cripto). Estos son los sujetos regulados que deben obtener licencia y están bajo supervisión (Módulo 2).

- **Caudal relicto**: término jurídico que designa la totalidad del patrimonio (bienes, derechos y obligaciones) que deja una persona (causante) a su fallecimiento y que constituye la base de la herencia (Módulo 9).

- **Cex (centralized Exchange)**: ver "Exchange".

- **Clave privada**: secuencia alfanumérica secreta y criptográfica que permite al poseedor firmar transacciones y demostrar la titularidad de los criptoactivos asociados a una clave pública. Su posesión equivale al control y propiedad de los fondos. Es el activo que se debe proteger (Módulo 1).

- **Clave pública**: secuencia alfanumérica pública, derivada matemáticamente de la clave privada, que funciona como una "dirección" o "número de cuenta" (IBAN) para recibir fondos. Es visible para todos en la Blockchain (Módulo 1).

- **CNMV** (**Comisión Nacional Del Mercado De Valores**): autoridad competente designada en España para la autorización y supervisión de los proveedores de servicios de criptoactivos (CASPs) bajo el nuevo Reglamento MiCA (Módulo 2).

- "**Code is law**" (**el código es ley**): filosofía propia de los ecosistemas descentralizados (especialmente en Smart Contracts) que sostiene que la única regla que rige una interacción es la escrita en el código informático, siendo éste autoejecutable e inapelable. Esto choca frontalmente con el derecho tradicional, que permite la revisión judicial de los contratos (Módulo 13).

- **Cold Wallet (monedero frío)**: ver "Wallet (monedero)".
- **Criptomoneda (moneda virtual)**: activo digital nativo de una red Blockchain (ej. Bitcoin, Ethereum), diseñado para funcionar como medio de intercambio o reserva de valor, asegurado mediante criptografía. Implicación fiscal: la DGT las define como "bienes inmateriales" (V0999-15), no como divisas (Módulo 5).
- **Custodia**: ver "Wallet (monedero)".

D

- **DAC8 (Directiva De Cooperación Administrativa)**: octava modificación de la directiva europea que implementa el estándar CARF en la UE. Obligará a todos los CASPs de la UE a reportar automáticamente a las agencias tributarias de residencia de sus clientes (a partir de 2026), cerrando el cerco del intercambio de información fiscal (Módulo 12).
- **DEX (Decentralized Exchange)**: ver "Exchange".

E

- **Exchange (plataforma de intercambio)**: mercado digital donde los usuarios pueden comprar, vender o intercambiar criptoactivos.
    - **Cex (Centralized Exchange)**: un Exchange operado por una empresa (persona jurídica) que actúa como intermediario de confianza y custodia los fondos del cliente (ej. Coinbase, Binance). Sujeto a regulación MiCA y AML.

  - **DEX (Decentralized Exchange)**: un protocolo de software (basado en Smart Contracts) que opera directamente en la Blockchain y permite el intercambio P2P sin intermediarios y sin ceder la autocustodia de los fondos (ej. Uniswap).

- **Exit tax (impuesto de salida)**: gravamen especial del IRPF (Art. 95 bis) que grava las plusvalías latentes de acciones, participaciones y, por extensión, criptoactivos (V0468-22) de contribuyentes que pierden su residencia fiscal en España, bajo determinadas condiciones de residencia previa y patrimonio (Módulo 5).

F

- **Fiat (dinero fiduciario)**: moneda de curso legal emitida por un banco central, cuyo valor se basa en la confianza en el gobierno emisor (ej. Euro, Dólar, Libra).

- **FIFO (First-In, First-Out)**: acrónimo de "primera entrada, primera salida". Método contable y fiscal de obligado cumplimiento en España (según DGT V0808-18) para el cálculo de g/pp en IRPF. Establece que, al transmitir bienes homogéneos (como Bitcoins), se considera que se están vendiendo los que se adquirieron en primer lugar (Módulo 5).

- **Fork (bifurcación)**: división en una red Blockchain que ocurre cuando el software se actualiza. Puede ser un *soft fork* (retrocompatible) o un *hard fork* (crea una nueva cadena y una nueva moneda). Implicación fiscal: en un hard fork (ej. Bitcoin Cash), la DGT (V0808-18) establece que la moneda recibida tiene valor de adquisición 0 €, y el 100% del valor de la futura venta será ganancia patrimonial (Módulo 5).

G

- **GAFI (Grupo de Acción Financiera Internacional - o FATF)**: organismo intergubernamental que establece los estándares mundiales para la lucha contra el blanqueo de capitales (AML). Su recomendación 15 y la "*Travel Rule*" son las que obligaron a regular a los proveedores de criptoactivos (Módulo 2).

- **Gas (gas fee)**: término utilizado (principalmente en la red Ethereum) para describir la comisión o tasa que un usuario debe pagar a los validadores (mineros o stakers) de la red para que su transacción o Smart Contract sea procesado e incluido en un bloque.

H

- **Hedqvist (sentencia)**: fallo fundamental del tribunal de justicia de la Unión Europea (TJUE C-264/14) que estableció que la compraventa de criptomonedas (como Bitcoin) a cambio de Fiat está sujeta pero exenta de IVA, al asimilarlas a divisas y medios de pago a efectos de este impuesto (Módulo 10).

- **HODL:** término de la cultura cripto (derivado de un error tipográfico de "hold", mantener) que describe la estrategia de inversión a largo plazo: comprar criptoactivos y mantenerlos, independientemente de la volatilidad del mercado (Módulo 3). Implicación fiscal: la mera tenencia (HODL) no devenga IRPF, pero los activos sí computan para el Impuesto sobre el Patrimonio (Módulo 7).

- **Hot Wallet (monedero caliente)**: ver "Wallet (monedero)".

I

- **IAE** (**Impuesto sobre Actividades Económicas**): tributo local que grava el mero ejercicio de una actividad económica. Aunque muchos estén exentos de pago, el alta censal en el IAE es el acto formal que califica una operativa (como la minería o la venta de NFTs) como actividad económica a efectos de IRPF e IVA (Módulo 11).

- **ICAC** (**Instituto De Contabilidad y Auditoría De Cuentas**): organismo español que fija la doctrina contable. Su consulta (BOICAC 130/2022) estableció que los criptoactivos en una empresa deben contabilizarse, según la intención, como inmovilizado intangible (HODL) o como existencias (Trading/Minería) (Módulo 6).

- **ICO** (**Initial Coin Offering - Oferta Inicial de Moneda**): método de financiación (crowdfunding) por el cual un proyecto Blockchain vende sus Tokens nativos al público para financiar su desarrollo (Módulo 3). Implicación fiscal: para el inversor, es una permuta que devenga IRPF.

- **IDO / IGO** (**Initial DEX/Game Offering**): evoluciones de la ICO donde la venta inicial del Token se realiza directamente en un Exchange descentralizado (DEX) o en una plataforma de lanzamiento de juegos (GameFi).

- **ITSGF** (**Impuesto Temporal de Solidaridad de las Grandes Fortunas**): tributo estatal, espejo del Impuesto sobre el Patrimonio, diseñado para asegurar una tributación mínima (a partir de 3M €) en todo el territorio español, neutralizando las bonificaciones autonómicas del IP (Módulo 8).

K

- **KYC (Know Your Customer - Conozca a su cliente)**: obligación de compliance (derivada de la normativa AML) por la cual los sujetos obligados (como los Exchanges) deben identificar fehacientemente a sus clientes (DNI, NIF, domicilio, titularidad real) antes de permitirles operar (Módulo 4).

L

- **Ledger / Trezor**: marcas comerciales populares de cold Wallets (dispositivos físicos de autocustodia).
- **Lending (préstamo)**: actividad de prestar criptoactivos a un tercero (una plataforma o un protocolo) a cambio de un tipo de interés. Implicación fiscal (IRPF): los intereses recibidos se califican como rendimiento de capital mobiliario (RCM) (Módulo 5).
- **Liquidity mining (minería de liquidez)**: ver "pool de liquidez".

M

- **Metamask**: marca comercial de un hot Wallet de autocustodia (software), muy popular para interactuar con aplicaciones DeFi y la red Ethereum.
- **MiCA (Markets In Crypto-Assets – Reglamento de Mercados de Criptoactivos)**: Reglamento (UE) 2023/1114. Es el marco normativo europeo fundamental que armoniza la regulación para los emisores de criptoactivos (ej. Stablecoins) y los proveedores de servicios (CASPs), estableciendo un régimen de licencia única ("pasaporte europeo") y supervisión (Módulo 2).

- **Minería (mining):** proceso de validación de transacciones en una red Proof-of-Work (PoW), como Bitcoin. Los "mineros" usan gran potencia computacional para resolver un problema criptográfico y, a cambio, reciben una recompensa (nuevas monedas). Implicación fiscal: es una actividad económica (IAE, RAE en IRPF) y no sujeta a IVA (Módulos 5, 10, 11).
- **Modelo 172**: declaración informativa que deben presentar los Exchanges españoles a la AEAT, detallando los saldos a 31/12 de todos sus clientes residentes en España (Módulo 12).
- **Modelo 173**: declaración informativa que deben presentar los Exchanges españoles a la AEAT, detallando todas las operaciones (compras, ventas, permutas) realizadas por sus clientes residentes en España. Es la principal fuente de datos de la AEAT para el cruce fiscal del IRPF (Módulo 12).
- **Modelo 721**: declaración informativa (análoga al 720) que deben presentar los residentes en España (contribuyentes) sobre las monedas virtuales situadas en el extranjero y bajo custodia de terceros, si su saldo supera los 50.000 € (Módulo 12).

N

- **NFT (Non-Fungible Token - Token No Fungible**): tipo de Token criptográfico que representa la propiedad digital única e indivisible de un activo (digital o físico). A diferencia de una criptomoneda (que es fungible, como un billete), un NFT no es intercambiable por otro idéntico (Módulo 1).

Implicación fiscal: su venta es una prestación de servicios electrónicos sujeta y no exenta de IVA (21%) (Módulo 10).

O

- **Oráculo**: servicio externo que actúa como puente entre una Blockchain (mundo on-chain) y el mundo real (off-chain). Provee datos del mundo real (ej. Precios, resultados meteorológicos) a los Smart Contracts para que estos puedan ejecutarse (Módulo 13).

- **OSS** (**One-Stop Shop - Ventanilla Única**): régimen especial de IVA que permite a los empresarios (ej. Vendedores de NFTs) que prestan servicios electrónicos a consumidores finales (B2C) en distintos países de la UE, liquidar todo el IVA repercutido en destino a través de una única declaración (Modelo 369) en su país de residencia (Módulo 10).

P

- **Permuta**: intercambio de un bien por otro. En el ámbito cripto, es la operación cripto-cripto (ej. cambiar BTC por ETH). Implicación fiscal: la DGT (V0999-15) la considera una transmisión que devenga una ganancia o pérdida patrimonial en IRPF (Módulo 5). Está exenta de IVA (Módulo 10).

- **Plusvalía del muerto**: término coloquial para el art. 33.3.b LIRPF, que establece que no existe ganancia patrimonial en el IRPF del causante (fallecido) por la transmisión lucrativa (*mortis causa*) de sus bienes. La plusvalía acumulada en vida no tributa en renta (aunque sí en sucesiones) (Módulo 9).

- **POS** (**Proof-of-Stake - Prueba de Participación**): mecanismo de consenso (validación) de una Blockchain alternativo al PoW. Los validadores no usan potencia computacional, sino que "bloquean" sus propias monedas como garantía (Staking) para asegurar la red. Es más eficiente energéticamente (ej. Ethereum) (Módulo 1).

- **Pool de Liquidez** (**Liquidity Pool**): reserva de Tokens bloqueados en un Smart Contract que permite el funcionamiento de un Exchange descentralizado (DEX). Los usuarios ("proveedores de liquidez") que aportan sus Tokens a este fondo reciben comisiones. Implicación fiscal: los rendimientos se califican como rendimiento de capital mobiliario (RCM) (Módulo 5).

- **POW** (**Proof-of-Work - Prueba de Trabajo**): mecanismo de consenso (validación) original, usado por Bitcoin. Se basa en la "minería", donde los participantes compiten usando potencia computacional para validar bloques (Módulo 1).

R

- **RGPD** (**Reglamento General de Protección de Datos**): normativa europea que regula la protección y el tratamiento de los datos personales. Plantea un conflicto legal con la inmutabilidad de la Blockchain (derecho al olvido vs. inmutabilidad) (Módulo 4).

- **Rug Pull**: tipo de estafa (scam) común en el espacio DeFi, donde los desarrolladores anónimos de un proyecto atraen capital de inversores (ej. en un pool de liquidez) y luego desaparecen súbitamente con todos los fondos, dejando un Token sin valor (Módulo 3).

S

- **Security Token (ficha de valor)**: Un Token que representa la propiedad digital de un activo financiero tradicional, como acciones, bonos o participaciones en fondos de inversión. Su característica distintiva es que otorga derechos económicos (dividendos, intereses) o políticos al inversor. Al tener la consideración de instrumento financiero, queda expresamente excluido del ámbito de MiCA y se rige por la estricta normativa de mercados de valores (MIFID II y Ley del Mercado de Valores) (Módulo 1).
- **SEPBLAC** (**Servicio Ejecutivo de la Comisión de Prevención del Blanqueo de Capitales**): unidad de inteligencia financiera (UIF) de España, encargada de la supervisión y sanción en materia de AML/CFT (Módulo 4).
- **Smart Contract** (**Contrato Inteligente**): programa informático autoejecutable e inmutable que opera en una Blockchain. Ejecuta acciones predefinidas (lógica "if-then") automáticamente cuando se cumplen ciertas condiciones, sin necesidad de intermediarios (Módulo 13).
- **Software fiscal:** herramienta (ej. Cointracking, Koinly) indispensable para el asesor, que importa datos de Exchanges y Wallets para calcular automáticamente el informe FIFO, los rendimientos y el valor del patrimonio a 31/12 (Módulo 14).
- **Stablecoin** (**Moneda Estable**): tipo de criptoactivo diseñado para mantener un valor estable, anclando su precio a una moneda Fiat (ej. Usdc o Tether, anclados 1:1 al dólar) o a otros activos. Reguladas en detalle por MiCA como ARTs o EMTs (Módulo 2).

- **Staking**: proceso de participar en la validación de una red Proof-of-Stake (POS). El usuario "bloquea" sus monedas como garantía (colateral) y recibe recompensas por ello. Implicación fiscal: la DGT (V0470-21) califica las recompensas de Staking (POS) como rendimiento de capital mobiliario (RCM) (Módulo 5).

T

- **Token:** representación digital de un activo o utilidad, creada sobre una Blockchain ya existente (ej. sobre Ethereum). Puede ser de varios tipos: Utility Token, Security Token o NFT (Módulo 1).

U

- **Utility Token (Ficha de Utilidad):** Un Token emitido con la finalidad principal de proporcionar acceso digital a una aplicación, servicio o recurso específico dentro de una plataforma blockchain. A diferencia de los activos financieros, no están diseñados como instrumentos de inversión, sino como derechos de consumo o uso prepagados dentro del ecosistema del emisor. Al no tener naturaleza financiera, su transmisión no goza de exención y se considera una prestación de servicios sujeta al IVA (Módulo 10).

V

- **Vasp (Virtual Asset Service Provider)**: término del GAFI para referirse a los proveedores de servicios (sujetos obligados de AML). Es el predecesor del término CASP usado en MiCA.

W

- **Wallet** (**Monedero**): software o hardware que almacena las claves criptográficas (públicas y privadas) para interactuar con la Blockchain. No "almacena" las monedas, sino el acceso a ellas (Módulo 1).
    - *Hot Wallet* (monedero caliente): una Wallet de software conectado a internet (ej. App móvil, extensión de navegador como Metamask). Es más conveniente pero menos seguro.
    - *Cold Wallet* (monedero frío): una Wallet de hardware (ej. Dispositivo USB tipo Ledger/Trezor) que almacena las claves privadas offline. Es la forma más segura de autocustodia.
    - *Wallet de custodia*: el Wallet proporcionado por un tercero (como un Exchange) que controla las claves privadas por el usuario.
    - *Wallet de autocustodia* (o no custodiado): cualquier hot o cold Wallet donde el usuario tiene el control exclusivo de sus claves privadas.

Conclusiones

El futuro de la asesoría cripto

Hemos recorrido un largo camino a lo largo de este libro. Comenzamos desmitificando la tecnología, construyendo los cimientos conceptuales de Blockchain, Wallets y Tokens. Hemos navegado el nuevo y denso marco regulatorio de MiCA, analizado las obligaciones de cumplimiento de AML y RGPD, y diseccionado, impuesto por impuesto, las profundas implicaciones fiscales de cada operativa.

Si una idea debe quedar grabada a fuego tras esta lectura, es la siguiente: la era de la ambigüedad fiscal y regulatoria de los criptoactivos ha terminado.

El "salvaje oeste" digital, ese limbo donde las operaciones parecían ocurrir al margen de la supervisión estatal, es historia. La publicación de este libro coincide con el punto de inflexión donde el control se vuelve total, sistemático y global.

Este nuevo paradigma se asienta sobre tres pilares que hemos analizado en profundidad:

1. Regulación de mercado (MiCA): por primera vez, los proveedores de servicios (CASPs) dejan de ser entidades "alegales" para convertirse en sujetos regulados y supervisados por la CNMV, con requisitos de capital, transparencia y gobernanza.

2. Control fiscal nacional (Modelos 172, 173, 721): la Agencia Tributaria ha desplegado su tridente de control. Ya recibe información directa de los Exchanges españoles y obliga al contribuyente a declarar sus tenencias en el extranjero.

3. Transparencia fiscal global (DAC8 y CARF): a partir de 2026, el intercambio automático de información será una realidad. La AEAT recibirá los datos de saldos y operaciones de todos los contribuyentes españoles en cualquier plataforma de la Unión Europea.

La opacidad ya no es una opción. El cumplimiento normativo es la única estrategia viable.

El horizonte: los próximos desafíos

Este libro le proporciona el manual completo para el escenario actual, pero la tecnología no espera. El asesor que quiera mantenerse relevante debe vigilar de cerca los próximos desafíos que ya están en el horizonte:

- El Euro Digital (**CBDC**): la inminente llegada de las monedas digitales de banco central no es una evolución de los criptoactivos, sino una respuesta de los estados. Su integración en el sistema financiero y fiscal planteará nuevos interrogantes.
- La regulación de **DeFi**: el Reglamento MiCA, en su primera versión, ha dejado deliberadamente fuera el complejo mundo de las finanzas descentralizadas (DeFi). La futura "MiCA 2.0" tendrá que abordar el reto de regular protocolos de Lending y Exchanges (DEX) que no tienen una persona jurídica detrás.
- La **litigiosidad**: en los próximos años veremos una explosión de litigiosidad fiscal. Las primeras liquidaciones de la AEAT, basadas en los datos masivos de DAC8 y los Modelos 173, chocarán con la realidad del cálculo FIFO global. La pericia del asesor para defender los informes de trazabilidad (Módulo 14) será más crucial que nunca.

El nuevo rol del asesor

Para los profesionales del derecho y la fiscalidad, esto no es una moda pasajera. No es un nicho exótico. La gestión de activos digitales se ha convertido, en esta década, en una competencia troncal de nuestra profesión.

Ya no basta con ser experto en IRPF o sucesiones. Nuestros clientes esperan que sepamos aplicar esa experiencia a sus Wallets de autocustodia, a sus NFTs o a sus ingresos por Staking. Como hemos visto en el Módulo 13, la planificación sucesoria de un cold Wallet es hoy un acto de diligencia profesional tan importante como la redacción de un testamento.

El gestor, el fiscalista y el abogado se han transformado, quizás sin buscarlo, en asesores de cumplimiento digital. Nuestra labor ya no es solo aplicar la ley, sino entender la tecnología subyacente para poder aplicarla correctamente.

Este libro ha sido diseñado como una herramienta de trabajo sólida y rigurosa para este nuevo presente. Pero en un campo donde la innovación tecnológica siempre irá un paso por delante de la legislación, la conclusión más importante es la llamada a la formación continua. El estudio de esta materia no termina en esta página.

¿Te ha sido útil este manual?

Gracias por confiar en esta guía para actualizar tus conocimientos. Si el contenido te ha ayudado a resolver dudas o a entender mejor el nuevo paradigma fiscal, te pediría un minuto de tu tiempo.

Tu valoración en Amazon es vital.

Como autor independiente, las reseñas son la única forma de que otros compañeros (abogados y gestores) descubran que esta herramienta existe y es útil para su trabajo.

No hace falta escribir un ensayo; una valoración sincera o una frase breve es suficiente para ayudar a la comunidad.

Gracias por tu apoyo.

Saúl Hidalgo

★★★★★

Escanea para valorar en Amazon

Aviso Legal y Limitación de Responsabilidad

El contenido de esta obra tiene carácter informativo, divulgativo y formativo. No constituye asesoramiento fiscal, legal o financiero personalizado, ni sustituye el análisis individualizado de cada caso concreto por un profesional cualificado.

La información contenida en este libro se basa en la normativa vigente a la fecha de edición y en criterios administrativos conocidos en el momento de su elaboración, sin que el autor garantice su actualización futura ni la aplicabilidad automática a situaciones particulares.

El autor no se responsabiliza de las decisiones tomadas por el lector basadas total o parcialmente en la información aquí contenida, ni de los daños o perjuicios que pudieran derivarse directa o indirectamente del uso de este material.

Para la adopción de decisiones fiscales, legales o patrimoniales, se recomienda consultar siempre con un profesional especializado que pueda analizar las circunstancias específicas del caso.

www.ingramcontent.com/pod-product-compliance
Lightning Source LLC
LaVergne TN
LVHW010809051026
849532LV00007B/2490
* 9 7 8 8 4 0 9 8 0 2 4 0 1 *